읽는 기도 학교 1기

내 법을 그들의 마음에 두고 그들의 생각에 기록하리라

더하트

차례

내 입의 말과 마음의 묵상이 주님 앞에 열납되기를 원합니다

시 19:14

읽는 기도 학교가 세워진 목적

하나님은 모든 사람이 구원을 받으며 진리를 아는 데에
이르기를 원하시느니라 _딤전 2:4

하나님이 우리에게 성경을 기록하여 주신 이유는 그 성경을 눈으로 직접 보고 읽고 듣게 하는 것뿐만 아니라 살아 있고 활력 있는 그 말씀을 내 영이 실제로 믿음으로 받아 먹고 영의 성장을 이루게 하기 위하여 주신 것입니다. 그러나 영의 성장은 아무 노력없이 스스럼없이 자연스럽게 이루어지는 것이 아닙니다.

영의 성장은 눈에 보이지 않는 내 속사람과 관련있습니다. 즉, 다시 말해서 내 겉사람이 하나님의 말씀을 읽고 보고 듣고 묵상하고 있는 동안에 나의 속사람에게 영향을 주고 있겠지만 내 겉사람이 말씀을 순종하여 삶으로 살아내는 그 때에 가장 강력한 속사람의 성장이 일어나게 되는 것입니다. 더 쉽게 말해서 겉사람의 순종이 속사람의 폭풍성장을 이끌게 되는 것입니다. 그런데 문제는 내 겉사람은 세상 것을 따르고 육신의 정욕에 나약하여 하나님의 말씀을 따를 수 있는 순종적인 존재가 되지 못한다는 사실입니다. 그리하여 겉사람이 하나님의 말씀을 즐거이 순종하려면 세상에서 들려오는 소리는 줄이고 세상에서는 보이는 쾌락의 모양을 나 스스로가 자유의지를 가지고 스스로 줄여 나감으로써 속사람에게 나의 시간을 집중하는 것이 지혜로운 행동이 됩니다.

여러분들, 한 번 상상해 보세요. 아주 맛있는 케이크가 있다고 생각해 보고 그 옆에는 너무나 맛은 없지만 위장에 좋은 브로콜리가 있다고 가정해 보죠. 아주 맛있는 케이크를 많이 먹으면 먹을 때에는 입안에서 달고 달콤하나 내 위장에는 부담이 되어 소화하기가 어렵습니다. 그만큼 내 배에 맛있는 것으로 다 채워 놓게 되면 정작 위장에 좋은 브로콜리는 먹을 수 없게 되는 상황이 오게 됩니다. 내가 무엇인가를 크게 얻어냈다면, 그 순간 나는 또 다른 무엇인가를 크게 놓치는 것이 영적인 원리가 됩니다. 그래서 예수님도 너희가 두 주인을 섬기지 못한다고 말씀하신 것입니다. 이 말씀은 한 사람이 두 아내를 섬기지 못하고 두 남편을 섬기지 못하는 것과 동일한 이치입니다. 내가 사랑하는 여자는 내 집안에 한 명만 있어야 하는 것입니다. 세상에 있는 여자와 집 밖에 있는 또 다른 여자는 결코 내 아내가 될 수 없습니다. 오직 내가 사랑하고 함께할 수 있는 여인은 내 집 안에 있는 그 여인 한 명만 성경적으로 성립되는 것입니다.

이와 마찬가지로 사랑은 하나만 사랑할 때 성립되는 것이므로 사랑은 중간 지대없이 오직 하나만을 선택하여 사랑하는 것이 진실한 사랑이 되는 것이지요. 세상 반 믿음 반을 가지고 양쪽으로 하나님

을 사랑하는 것은 결단코 온전한 사랑으로 인정받을 수 없는 것입니다. 성경은 뜨겁든지 차든지 하기를 원하신다고 기록되어 있습니다. 주님께서는 중간지대인 미지근한 것은 토하여 버린다고 말씀하셨습니다. 그럼에도 우리는 하나님 앞에서 결코 성립될 수 없는 사랑을 하는 경우가 많이 있고 내 방식과 내 자의적인 믿음을 가지고 살아가는 경우가 많습니다. 이처럼 하나님의 말씀을 내 겉사람이 보고 읽고 듣고 묵상하고 더 나아가서는 영의 기도로 만들어서 먹는 것은 내 겉사람이 죄의 구덩이에서 벗어나 의의 삶으로 살아갈 수 있는 매우 중요한 초석이 될 수 있습니다. 말씀을 믿음으로 받아서 내 삶으로 내 몸이 살아가지 않는다면, 그것은 생명력 있는 믿음이 될 수 없습니다.

저는 지금 행위로 무엇인가를 하여 구원받는다는 말이 결코 아님을 강조 드립니다. 그리스도의 사랑과 용서로 십자가의 은혜 가운데 살아가는 사람은 반드시 하나님의 말씀대로 살아가야 마땅한 것이고 그것이 성경적으로도 올바른 길이라고 말씀드리는 것입니다. 그러나 우리의 몸은 보혈의 권세로 구원을 받았다고 할지라도 죄의 속성이 있기 때문에 속사람의 구원과는 상관없이 겉사람은 여전히 죄 가운데 있기를 원하여 살고 있고 현실에서도 실상은 죄의 옷을 입고 살아가고 있는 경우를 자주 보게 됩니다. 주님께서는 육은 무익하니 살리는 것은 영이라고 말씀하셨습니다. 보혈의 피로 내 영이 살아났을지라도 겉사람의 육이 속사람의 거듭남을 무참히도 짓밟고 있거나 아랑곳하지 않고 죄의 길로 들어선다면, 과연 그 믿음이 심판대 앞에 섰을 때 그 영혼을 구원하도록 만들 수 있겠는지 심각하게 생각해 보아야만 합니다. 하나님이 우리의 영광을 위하여 만세 전에 계획하시고 감추어진 구원을 이루어 놓으셨으나 지금은 우리가 육의 세상에 살고 있으므로 대부분의 사람들이 구원의 보배를 보지 못하고 잘못된 길로 가는 경우가 너무나 많습니다. 하나님 속에 감추어졌던 비밀의 말씀을 정확하게 내 것으로 만들어서 나의 삶으로 만들어내지 못한다면, 어쩌면 우리는 처음에 받은 구원의 옷을 세상 속에 살면서 나도 모르게 벗어놓고 살아가고 있는지도 모르는 당황스러운 상황에 직면할 수도 있습니다. 이것은 매우 황당한 일이고 생각지도 못한 너무나도 비참한 일이 아닐 수 없습니다.

여러분들이 꼭 기억하실 말씀이 있습니다. 너희의 생명이 그리스도와 함께 하나님 안에서 감추어졌음이라(골 3:3). 이 말씀의 전제는 앞에 있는 어구가 더 중요합니다. 그것은 바로 "이는 너희가 죽었고" 이 말이 무슨 의미이냐면 우리가 구원을 받아 내 속사람이 사망에서 생명으로 옮겨지는 순간 "내 겉사람이 되는 몸은 십자가에서 죽었다"는 것을 인지하고 인정하는 것은 매우 중요한 영적 메시지가 됩니다.

나의 속사람이 보혈의 피로 구원받아 거듭났다는 뜻은 내 겉사람은 십자가에 못 박혀서 죽었다는 전제하에 나의 생명이 그리스도와 함께 하나님 안에서 감추어져 있다는 말씀이 적용되는 것입니다. 따라서 내 겉사람이 죽었는지 안 죽었는지는 두 가지를 통하여 알 수 있게 됩니다. 첫 번째로, 아직도 세상 것을 추구하며 세상을 좋아하며 세상을 따르고 살아가는가? 둘째로는, 내 몸은 하나님의 말씀을 순종하기 어렵다는 이유로 순종하기를 꺼려하고 죄를 합리화하며 교묘하게 대처하고 있지는 않는가? 이 두가지를 스스로 질문해 보시면 각자에게 주어지는 답을 본인이 잘 아시게 될 것입니다.

물론 내 겉사람이 완전히 죽지 않아서 하나님의 말씀을 순종하려고 피 흘리기까지 싸워가면서 하루하루를 빌립보서 2장 12절 말씀대로 "항상 복종하여 두렵고 떨림으로 너희 구원을 이루라"는 이 말씀대로 살아간다면, 여러분은 생명의 길을 올바르게 가고 있는 것이 맞습니다.

그러므로 관건은 내 몸이 내 영을 위하여 하나님의 말씀에 순종하고 살아가도록 세상 것을 내려놓고 영의 것을 추구해야만 영의 힘을 새롭게 받아 육의 몸을 성경말씀 안에서 견인하여 천국문까지 도달할 수 있게 되는 것입니다.

이를 위하여 내 속사람이 하나님의 말씀을 확실하게 먹어서 영적인 힘을 받아 육의 몸이 순종하고 살아갈 수 있도록 영의 기도를 하는 것은 매우 중요한 과정이 됩니다. 인간이 할 수 없는 것을 창조주 하나님께 기도하여 불가능을 가능으로 만드는 기도를 넘어서서 하나님의 말씀을 영의 기도화하여 그 자체로써 삶의 능력이 되게끔 만드는 것이 더 더 중요한 것이 된다는 얘기입니다. 이렇게만 된다면, 우리는 누구나 다 하나님의 말씀을 받아서 그분의 말씀을 내 속사람이 영의 음식으로 먹고 영의 힘을 발휘할 수 있게 됩니다. 그로 인해 내 겉사람의 죄성을 기도의 힘으로 다스리고 이기도록 만들어 하나님 앞에 온전하게 순종하며 살아갈 수 있게 되는 것이지요. 이러한 모든 것들을 해결해주기 위하여 여러분들에게 읽는 기도 학교가 세워진 것입니다.

학교는 배우지 못한 것을 배워서 사회로 나갈 준비를 해주는 교육기관입니다. 그렇다면 영의 교육기관인 읽는 기도 학교는 영적인 것을 올바로 배우고 성경 안에서 영적인 삶을 살아가도록 도와주어 천국에 입성할 수 있게끔 견인해주는 하늘의 교육 기관이 되어 여러분들을 돕게 될 것입니다. 읽는 기도 학교의 목적은 바로 모든 영혼들을 살리는 것에 있고 이를 위하여 여러분들 각자에게 하나님의 말씀을 정확하게 알려주고 그분의 말씀을 내 속사람이 받아먹어서 내 겉사람이 그분의 말씀대로 순종하며 살아갈 수 있도록 돕는 것에 모든 시스템이 맞춰져 있습니다. 읽는 기도 학교는 말세에 나타나게

될 혼란스러운 영적 혼돈 속에서 혼미한 영혼들에게 영의 눈을 확 뜨게 해주고 밝히 볼 수 있게 만들어서 좁은 길을 올바로 걸을 수 있도록 동행해 주는 동반자 역할을 하게 될 것입니다. 여러분이 갖고 있는 근심과 걱정을 읽는 기도 학교를 통하여 기쁨과 감사로 바꿔 가시고 여러분들이 가지고 있는 염려와 불안을 평안과 평강 가운데 채워 가시기를 주님의 이름으로 축복해 드립니다. 곧 그렇게 될 것이고 안 되던 것이 어느 샌가 되어 있는 것을 여러분들의 눈으로 직접 목도하게 되실 것입니다. 기대하시고 기대하셔도 됩니다.

지금까지 죄 때문에 넘어지고 괴로워하며 고통스러웠던 그 끈질긴 죄성의 끈이 읽는 기도 학교에 입학하여 배우는 동안 아름답게 끊어지고 말씀 안에서 해방되는 자유를 누리시게 될 것입니다. 유튜브에 올려진 영의 강의를 여러분들의 핸드폰을 사용하셔서 큐알코드를 대시면 여러분들이 기대하신 신세계가 펼쳐질 것이고 그 신세계 속에서 새롭게 거듭난 삶을 곧 살아가시게 될 것입니다. 자~이제 읽는 기도책을 쓴 무명인의 저자와 함께 30일간의 영적인 여행을 즐겁고 설레이는 마음으로 떠나볼까요?

죄가 네 앞에 엎드려 있고 그 죄가 너를 원하고 있으나
너는 그 죄를 다스릴지니라 _창 4:7

읽는 기도 학교가 세워진 영의 메세지를
요약한 세 가지

첫번째, 신앙생활에서 가장 중요한 기도와 말씀을 한 번에 내 것으로 만들어 주는 영의 수업을 하고자 진행합니다.

두번째, 하나님의 살아있고 활력있는 말씀을 영의 기도문으로 만들어서 나의 죄를 다스리고 그 죄를 이기도록 도와주고, 하늘의 힘을 부여해 주어 승리하도록 이끌어 주는 수업입니다.

셋째로, 영의 일기를 말씀에 비추어 스스로 기록해 봄으로써 더 높은 반열로 승격하도록 만들어 주고 그리스도의 신성한 성품에 참여하게끔 안내해 주는 영의 수업입니다.

끝으로, 모든 과정을 하늘의 상급으로 만들어 주어 최고의 영적 클래스를 부여해 줍니다. 또한 가장 아름다운 속사람의 거듭남을 이끌어 주어 내 삶을 거룩하게 만들도록 돕고 실질적인 것을 알게 해주어 하늘의 지혜와 말씀의 계시가 임하는 수업입니다.

절대 불변한 성경 말씀만이 100% 진리

하나님의 말씀은 살아있고 활력이 있어 좌우에 날선 어떤 검보다도
예리하여 혼과 영과 관절과 골수를 찔러 쪼개기까지 하며
또 마음의 생각과 뜻을 판단하나니 _히 4:12

우리가 성경에서 영생을 얻는 줄 생각하고 성경을 연구하는 이유
는 이 성경이 곧 예수 그리스도를 증언하는 생명의 말씀이기 때문입
니다. 예수 그리스도는 어제나 오늘이나 영원토록 동일한 하나님이
십니다.

태초에 말씀이 계셨고 이 말씀이 하나님과 함께 계셨으니 이 말씀
은 곧 하나님이신 것을 우리는 항상 기억하고 살아야 합니다.

최근에 WCC, WEA, NCCK 등 그럴듯한 타이틀로 많은 교인들을
혼란스럽게 만들고 있습니다.

하늘이 두 쪽 나는 일이 있어도 예수 그리스도 외에 다른 이로써
는 결단코 구원 받을 길이 없다는 것을 가슴에 새기시고 말씀의 빗
장을 단단이 채워 놓으시길 바랍니다. 주님께서는 공의를 행하며 구
원을 베푸시는 전능한 하나님이십니다. 그러하기 때문에 하나님의 말
씀을 그 누구도 폐하거나 더할 수 없습니다.

천지가 없어지기 전에는 성경의 일점 일획도 결코 없어지지 아니

할 것이고 말씀 그대로 다 이루어지게 될 것입니다. 그리스도께서는 성경에 기록해 놓으신 모든 말씀을 십자가의 부활을 통하여 완전하고 완벽하게 다 이루어 놓으셨습니다. 그 분의 피와 살이 성경 말씀의 모든 것이요 영원한 생명이 되는 것입니다.

읽는 기도학교에서 실행하는 모든 과정은 하나님의 말씀을 내 속 사람이 먹고 그로 인해 믿음의 힘을 키워서 성경에 있는 말씀을 내 삶으로 살아내는 것에 중요한 목적이 있습니다.

성경의 주인공은 예수 그리스도입니다.

구약은 신약에 오실 예수 그리스도 이시고 신약은 오신 예수 그리스도이시며 이제 곧 다시 오실 예수 그리스도 이시므로 모든 성경의 주인공이 바로 예수 그리스도 이심을 확연히 알 수 있는 것입니다.

하나님은 영이시니 예배하는 자가 성령과 진리로 예배해야 할 것인데 눈에 보이지 않는 하나님을 어떻게 예배할 수 있을지 고민해 보신적 있으신가요?

그것은 바로 하나님께서는 하나님의 모든 말씀을 우리 눈에 보이는 성경 말씀에 기록해 놓으셨다는 사실을 주목해야만 합니다.

왜냐하면 우리가 영으로 계신 하나님을 예배하기 위해서는 영으로 기도하고 영으로 찬송해야 그 기도와 찬양이 하늘에 상달되기 때문입니다.

성경을 자세히 살펴보면 "성령이 밝히 말씀하셨다."

"성령이 교회들에게 하시는 말씀을 들을지어다."

이렇게 기록된 영적인 이유는 다음과 같습니다.

하나님의 영이신 성령께서는 하나님의 말씀을 통하여 말씀하셨다는 사실을 영적인 질서로써 생각해 보아야 아버지의 마음과 뜻을 알 수 있게 됩니다.

즉, 성령님은 말씀과 함께 운행하시고 말씀과 함께 일하신다는 것을 우리가 먼저 인식하여야만 합니다.

성령께서 하나님의 뜻대로 성도를 위하여 간구하시는 것도 하나님의 뜻과 성도들의 기도를 일치시키기 위하여 중재하시고 중보하고 계신다는 것이지요.

그러므로 성령님은 기도의 불을 붙게 만들어 주시고 마음을 살피시는 이가 성령의 생각을 아시기 때문에 우리는 말씀으로 기도하여 하나님의 뜻과 계획에 맞게 기도할 수 있게 되는 것입니다.

하나님의 거룩하신 입술에서 선포된 말씀은 반드시 하나님이 기뻐하시는 뜻을 이루게 하시고 그 분의 계획을 형통하게 만들어 놓으십니다. 그러나 고민되는 점은 성경 말씀이 창세기부터 시작하여 요한 계시록에 이르기까지 너무나 방대하다는 점입니다.

성경은 성령의 감동에 의하여 기록되어 있으므로 자의적으로 해석하거나 본인이 원하는 소견대로 해석하는 것은 절대 금물임을 기억해야만 합니다.

"만일 누구든지 말씀에 기록된 것외에 더하면 하나님이 재앙들을 더하실 것이고 누구든지 말씀을 제하여 버리면 하나님이 생명나무와 거룩한 성에 참여함을 제하여 버리시리라"(계 22:18-19).

이 말씀의 핵심은 성경의 본질이 되는 하나님의 말씀을 절대 훼손하지 말라는 주님의 엄중한 영적 경고입니다.

주인의 말을 감히 우리 같은 종들이 이렇다 저렇다 이럴 것이다 저럴 것이다 하여 없는 말을 덧붙이거나 있는 말을 빼서는 절대로 안된다는 메시지입니다.

성경을 잘못 이해하고 오해하게 되면 내가 만들어 놓은 헛된 우상이 되고 말게 되는 것입니다.

그러므로 말씀을 그리스도 안에서 믿고 소리 내어 읽으면서 말씀 안에서 기도하는 동안 말씀의 본질을 흐리게 해서는 어떤 일이 있어도 안 된다는 사실을 꼭 꼭 꼭 기억하여야 할 것입니다.

예수 그리스도의 십자가 보혈과 주님의 부활을 정확한 기준점을 잡아 하나님의 선하시고 기뻐하시고 온전하신 뜻이 무엇인지 확실하게 분별하면서 기도를 하여야만 합니다.

마땅히 생각할 그 이상의 육적인 생각을 품지 말고 오직 하나님의 말씀 안에서 기도하는 것이 영의 기도가 되는 것입니다.

하나님의 나라와 하나님의 의를 위하여 하나님의 말씀으로 기도하는 것이 가장 정확하게 하나님의 뜻을 알고 기도하는 것이고 또한 하나님의 계획 안에서 가장 아름답고 거룩하게 기도하는 것이 됩니다.

내가 원하는 생각과 나 중심적인 마음의 정욕을 기도문에 기록하면 그것은 육의 기도가 되어 하늘에 상달 되지도 않고 결국은 헛된 일이 되고 마는 것입니다.

여러분, 기도하는 것도 잘못 시작하게 되면 헛된 일이 되고 시간을 낭비하는 종교적 행위로 그칠수 있음을 명심해야 합니다.

말씀이 하나님이시고 하나님은 영이시므로 말씀으로 기도하는 것이 곧 영으로 기도하는 예배가 되는 것을 기억하시어 하나님이 흠향하시는 기도로 올려 드리시길 바랍니다.

그 영의 기도문을 저 같이 미천하고 무익한 종놈을 통하여 하나님이 여러분 각자에게 스스로 기도하는 힘을 부어 주시고 하늘의 양식을 전해 드리려고 사용하시는 것입니다.

비록 저는 뒷배경이 없고 천하게 쓰임 받는 나무 그릇 같은 미천한 사람이지만 나를 깨끗하게 비워 주인께서 귀히 쓰는 그릇이 되고자 겸손의 허리띠를 항상 내 생각과 마음과 행동에 차고 살아가려고 힘써 기도하고 있습니다.

주인의 쓰심에 합당하며 모든 선한 일에 준비된 온유와 겸손의 멍

에를 매고 여러분들께 영의 기도문을 쓰는 방법을 알려드려서 이 마지막 말세에 어떤 상황이 찾아와도 정확한 말씀 위에 서서 여러분들을 일점의 흔들림 없는 성도로 세워 드리기 위하여 마음의 무릎을 꿇고 기도하고 또 기도하며 준비하고 있었습니다.

여러분 그 어떤 것에도 미혹되지 마십시오.

성도 여러분, 사람들의 그럴듯한 말에 현혹되어 흔들리지 마십시오.

어차피 죽어 없어질 힘없는 인생들을 의지하지 마시고 하늘과 땅의 모든 권세를 가지신 하나님을 바라보고 그 분만을 따르고 그 분만을 의지하십시오.

하나님을 의지하고 하나님께 맡기시는 분의 마지막은 영원한 생명으로 보장 받게 되실 것입니다.

태초부터 스스로 계신 하나님을 바라보고 의지하는 인생이 가장 지혜로운 사람인 반면에 아무것도 아닌 일시적인 인생을 의지하는 것이 가장 어리석은 자 라는 것을 기억하시기 바랍니다.

우리들은 안개 같은 존재입니다.

순간에 와서 순식간에 없어지고 마는 그런 이슬 같은 인생이라는 것을 인지하고 있으셔야 세월을 낭비하지 않을 수 있습니다.

잠시 와서 금방 없어지는 존재라는 사실을 잊고 살게 만드는 존재가 바로 영원 가운데 불구덩이로 끌고 가려는 마귀요 귀신들이요 악한 영들인 것을 상기하고 살아야만 온전하게 대처하고 준비할 수 있는 것입니다.

하나님의 말씀은 반드시 능력으로 나타나게 되어 있기 때문에 그 말씀으로 기도를 하게 되면 하나님의 능력이 여러분들 안에서 생겨나게 되어 있습니다.

용서가 안 되던 사람이 자연스럽게 용서가 되고 내 안에 있던 분노가 수그러들며 욕하던 입술이 은혜스러운 말로 변화되게 됩니다.

이것은 어떤 도덕적인 수행이 아니라 하나님의 말씀으로 기도하다 보면 자연스럽게 나타나는 최고의 가치적 산물인 것입니다.

여러분이 가지고 계신 스스로의 믿음을 가지고 오직 성경 말씀을 지혜롭게 사용하여 영의 기도로 만들어서 여러분 본인이 직접 하나님과 가까워 지십시요.

수많은 엄청난 일들이 생기게 됩니다.

이 얘기를 제 입으로 말하지 않겠습니다.

여러분들이 직접 경험해 보시면 되고, 몸소 겪어 보시면 아~그렇구나!를 연발하며 자연스러움 속에서 알게 되실 것입니다.

이러한 각자의 체험들이 목마른 여러분들의 영적인 갈증을 충분히 해소시켜 드리게 될 것입니다.

이 기도문 쓰는 방법을 알려 드려서 여러분들이 이곳 저곳 기도 받으러 다니다가 상처 받는 것도 미연에 방지하려는 목적도 있고 또한 어떠한 곳에서도 절대 미혹 되지 않게 하기 위하여 하나님이 이 책을 펴내도록 인도해 주셨음을 말씀 드리는 것입니다.

아무리 작디 작은 겨자씨만한 믿음이라도 제가 알려 드리는 대로 하나씩 하시다 보면 어느샌가 여러분의 심령은 말할 수 없는 막강한 전신갑주를 입은 하늘의 상급자가 되어 있으실 것입니다.

하나님의 말씀을 정확히 알게 되면 진리가 나를 자유하도록 만들어 어떤 미혹의 영에게도 유혹 받지 않게 되고 영분별의 능력이 생기게 됩니다.

이 책은 누구나 아주 쉽게 이해할 수 있도록 준비하여 각자에게 하늘의 만나를 스스로 먹을 수 있게끔 진행할 것이니 즐거운 마음으로 참여하시면 되겠습니다.

여러분은 오직 예수 그리스도의 말씀만을 믿으시고 처음과 끝을 창조하신 하나님의 말씀을 정확한 삶의 기준과 구원의 다림줄로 삼아서 좌로나 우로나 치우치지 마시고 그리스도의 푯대를 향하여 오직 전진만 하십시요.

읽는 기도들 쓴 무명인의 저자는 하나님만 드러내고 하나님이 영광을 받으시도록 최선을 다할 것이고 여러분들의 영혼을 살리는 것 이외에는 그 어떤 관심과 목적도 없음을 밝히 말씀드립니다.

그 누구도 저같은 자에게 일점의 관심조차 갖지 마시고 저를 향한 감사하다는 말 한마디 조차 금언하셔서 오직 하나님만 영광을 받으시도록 주님의 뜻에 동참해 주시기를 허리 숙여 정중히 부탁을 드립니다. 아멘

천지는 없어질지언정 내 말은 없어지지 아니하리라 _마 24:35

내가 주의 말씀을 얻어 먹었사오니 주의 말씀은 내게 기쁨과
내 마음의 즐거움입니다 _렘 15:16

하나님의 말씀은 눈에 보이지 않지만 눈에 보이는 성경에 성령으로써 기록되어 있습니다.

태초에 말씀이 계셨고 이 말씀이 하나님과 함께 계셨으니 이 말씀은 곧 하나님이십니다.

예수님의 피와 살을 모든 말씀 위에 생명으로 기록해 놓은 것이 성경입니다.

예수님의 살을 먹고 예수님의 피를 마시는 자는 영생을 가졌고 마지막 날에 주님이 그를 다시 살리신다고 말씀하셨습니다.

또한 그리스도의 피와 살을 마시는 자는 주님 안에 거하고 주님도 우리 안에 거하신다고 말씀 하셨으므로 우리가 매일 같이 말씀을 먹는 과정은 매우 중요한 영적 과정임을 명심해야할 것입니다.

무엇보다 중요하고 강조될 메시지는 내 겉사람의 행위를 통해서 내 속사람이 행위의 열매를 먹게 된다는 것입니다.

"너희는 의인에게 복이 있으리라 말하라 그들은 그들의 행위의 열매를 먹을 것임이요"(사 3:10).

가령, 내 손으로 사과나무를 심으면 나는 사과 열매를 먹을 수 있는 것처럼 믿음을 믿으면 믿음의 열매를 먹게 되는 것입니다.

복음을 심으면 내 속사람이 복음의 열매를 먹게 되고 그리스도의 사랑으로 용서하면 내 영이 용서의 열매를 먹게 되는 것입니다. 그러므로 용서하는 것이 곧 나를 위한 것이요 하늘에 상급이 되어 올라가는 최고의 예배가 되는 것임을 알아야 합니다.

따라서 우리의 겉사람이 하나님의 말씀을 눈으로 보고 귀로 듣고 소리 내어 읽는 과정이 하나님의 말씀을 먹는 것이 됩니다. 그리고 이 말씀을 내 손으로 직접 쓰는 것도 내 속사람이 하나님의 말씀을 먹는 영적인 행위가 되는 것입니다.

말씀을 내 눈으로 보고 나의 귀로 듣고 내 입술로 선포함으로써 나의 속사람이 살아 있고 활력 있는 하나님의 말씀을 먹고 있는 예배가 되는 것이니 이 과정은 두 번 말할 필요 없이 매우 중요한 과정이라고 할 수 있겠습니다.

이 코스를 통하여 말씀을 내 생각에 기록하고 내 마음에 새기면서 하나님의 능력이 나타나게 되고 내 숨은 사람이 하늘의 양식을 먹고 힘을 얻어 겉사람의 죄를 다스리고 이기도록 도와주게 됩니다.

이 얼마나 놀랍고 가슴 떨리는 일입니까?

그 지긋지긋한 죄가 다스려진다니…

평생 나를 괴롭혀 온 죄를 이길 수 있다니…

듣기만 해도 너무나 가슴 벅찬 일이지 않습니까?

이러한 생명을 여러분들에게 주님의 이름으로 흘려 보내 드릴 수 있고, 실제 영원한 생명을 갖게끔 저 같은 미천한 자가 섬길 수 있는 것을 알게 되어 저 역시 최선을 다해 밤낮 할 것 없이 이토록 기도와 말씀으로 살아가면서 그의 나라와 의를 위하여 사는 것입니다.

내 속에 있는 상처된 쓴뿌리와 내 안에 분노와 우울한 감정들이 다스려지고 이길 수 있다는 것은 내가 경험할 수 있는 기적 중에 최고의 기적인 것입니다.

우리가 일상생활을 하면서 내 감정과 내 마음이 내 뜻대로 통제가 되지 않아 얼마나 힘들게 살고 있는지 다들 충분히 공감하실 것입니다.

내 감정과 생각이 아름답게 통제되는 순간 우리의 인생은 기쁨과 감사로 차고 넘치게 될 것이고 진정 하늘에 속한 자로 살아가게 될 것입니다. 이러한 능력은 내 속사람이 영의 양식을 먹음으로써 생기는 기적입니다.

특히나 이 말씀을 영의 기도로 바꿔서 먹게 된다면, 하늘로부터 부여받는 영적인 힘이 주어지게 되므로 죄를 완전히 다스리고 이길 수 있게 되는 반가운 소식이 있음을 전해 드립니다.

살아있는 하나님의 말씀을 보고 듣고 읽고 내 손으로 기록하여 먹음으로써 내 속사람이 힘을 갖게 되는 동안 이 말씀을 영의 기도로 올려드린다면, 그 기도의 응답은 보좌로부터 내려오는 성령의 힘을 크게 받아 내 겉사람은 하늘의 새 힘을 받게 되는 것이지요.

여러분, 저와 함께 이 놀라운 영적인 능력을 체험해 보는 읽는 기도학교의 영의 수업이 되시길 주님의 이름으로 축복합니다.

하루에 한 장씩 천천히 저와 함께 가시다보면 어느샌가 확연히 달라진 여러분들을 목도하게 되는 그 날이 찾아오게 될 겁니다.

오직 여호와를 앙망하는 자는 새 힘을 얻으리니
독수리가 날개치며 올라감 같을 것이요
달음박질하여도 곤비하지 아니하겠고
걸어가도 피곤하지 아니하리로다 _사 40:31

읽는 기도학교에서 배우게 되는 영의 수업

살리는 것은 영이니 육은 무익하니라
내가 너희에게 이른 말은 영이요 생명이라 _요 6:63

읽는 기도학교에서는 하나님의 말씀을 눈으로 보고 귀로 듣고 입으로 선포하고 손으로 기록하는 동안 놀라운 영적 성장이 있도록 만들어 주는 최상위 영적 수업입니다.

하나님의 말씀을 묵상하는 기존 것과는 완전히 다릅니다.

말씀을 묵상하고 이 말씀을 영의 기도로 만들어서 실제 오늘 주어진 말씀이 내 삶을 주관하도록 만들어 하나님과 온전한 동행이 될 수 있도록 이끌어주는 과정입니다.

교재 안에는 주님과 함께 시간을 보낸 영의 기도를 병행하여 기록할 수 있도록 구성해 놓았고 그 날 그 날 하나님의 말씀을 얼마나 살아 냈는지 상, 중, 하로 체크해 볼 수 있도록 지혜를 발휘해 놓았습니다. 또한 무명인의 저자가 유튜브에 영의 말씀을 영으로 풀어내 주고 영의 기도를 어떻게 쓰는지 섬세하게 섬겨드릴 것입니다.

하나님의 말씀을 성령의 도움을 받아 온전히 살아낼 수 있다면 우리는 장차 천국에서 크나 큰 상급과 면류관을 받게 될 것입니다.

상급과 면류관의 자격이 바로 말씀대로 순종하며 어떻게 살아왔

느냐에 따라 달라지게 되는 것입니다.

그러므로 말씀을 성취하고 살아가는 것은 곧 하나님의 뜻과 계획 안에서 살게 되는 것이므로 장차 최고의 칭찬과 영광이 있게 될 것입니다.

한마디로 요약해서 말씀드리자면, 읽는 기도학교에서 영의 수업을 유튜브에서 성실히 참여하시고 영의 과정을 잘 따라오시면 하늘에서 큰 영광과 칭찬이 여러분을 각자에게 상급과 면류관으로 주어지게 된다는 것을 알려 드리는 것입니다.

하늘의 것을 성령의 손으로 심고 성령의 힘으로 되찾을 수 있는 영원한 기회를 이 땅에서 하루하루 만들어 가는 것입니다.

주 안에서 가장 아름답고 거룩하게 하늘의 보화를 쌓아가는 나의 삶은 최고로 기쁜 날이요 너무나도 가슴 벅찬 행복한 날들이 될 것입니다.

기대하고 기대해 보세요.

이 모든 것들이 곧 여러분의 것이 되실 것입니다.

보라 내가 속히 오리니 내가 줄 상급이 내게 있어
각 사람에게 그가 행한 대로 갚아 주리라 _계 22:12

영의 기도를 쓸 때 매우 중요한 주의사항!

만일 누구든지 이것들 외에 더하면 하나님이 이 두루마리에 기록된
재앙들을 그에게 더하실 것이요 만일 누구든지 예언의 말씀에서
제하여 버리면 하나님이 말씀에 기록된 생명나무와 거룩한 성에
참여함을 제하여 버리시리라 _계 22:18-19

1. 하나님의 말씀을 더하거나 빼지 않는다.

2. 예수 그리스도의 보혈과 부활의 진리를 기준으로 기록한다.

3. 예수님이 부활이요 생명이신 것을 믿고 기도한다.

4. 예수님이 길이요 진리요 생명이신 것을 믿고 고백한다.

5. 나 중심에서 나온 육의 생각으로 기도하지 않는다.

6. 자기가 원하는 소견대로 기도문을 쓰지 않는다. (본인이 원하는 기
   도가 있을 경우에는 영의 기도화로 맞추어 놓고 기도를 하되 그것
   조차도 주님의 것임을 고백하며 하나님의 뜻이 이루어질 수 있도
   록 겸손 가운데 기도한다.)

7. 육신의 정욕과 안목의 정욕과 이생의 자랑이 되는 것들을 사용하지 않는다.

8. 내 욕심과 탐심을 가지고 기도문을 쓰지 않는다.

9. 세상적인 생각과 대중적인 상식과 가치관을 쓰지 않는다.

10. 세상에서 쓰는 단어나 감정을 자극하는 어휘를 사용하지 않는다.

11. 복음의 관점에서 성경 말씀에 대한 올바른 지혜로 쓸 것을 기억한다.

12. 내 뜻대로 쓰지 않고 하나님의 뜻에 맞도록 기도문을 쓴다.

13. 한글 번역본 성경이 헷갈리는 경우가 생기면 영어 성경과 쉬운 성경을 활용하되 지나친 의역은 하지 않도록 주의한다. 가장 중요한 본질은 예수님의 보혈과 십자가의 용서와 사랑 그리고 예수님의 부활을 정확한 기준으로 잡고 작은 죄 조차도 말씀에 비춰보며 기도문을 써 내려간다.

BIBLE

오직 성경만이 절대적 진리
100% 이루어질 언약의 말씀

성경의 영적 원리가 녹아진 읽는 기도

너희를 위하여 성소와 지성소를 구분하리라 _출 26:33

● 나는 주의 이름으로 일컬음을 받는 자라 내가 주의 말씀을 얻어먹
었사오니 주의 말씀은 내게 기쁨과 내 마음의 즐거움이 됩니다.
_렘 15:16
⇨ 하나님의 말씀을 듣는 것이 먹는 것이다.

● 내가 입을 벌리니 그가 그 두루마리를 내게 먹이시며 내게 이르시
되 ____야 내가 네게 주는 이 말씀을 네 배에 넣으며 네 창자에 채
우라 하시기에 내가 먹으니 그것이 내 입에서 달기가 꿀 같더라
_겔 3:3

● 믿음은 들음에서 나며 들음은 그리스도의 말씀으로 말미암았느
니라 _롬 10:17

● 작은 소리로 읊조릴 때에 불이 붙으니 나의 혀로 말하기를 _시 39:3
⇨ 소리 내어 읽는 기도를 하다보면 새롭게 받은 은사도 생기게 됩니다. 영혼
들에 대한 안타까움과 긍휼이 생기게 되어 지나가다가도 모르는 사람을 위하
여 기도하게 됩니다. 하나님의 말씀으로 기도하는 동안 영 분별은 주로 소리

내어 읽기를 통해서 새롭게 받을 수 있습니다. 이 외에도 예언, 신유, 방언, 중

보기도, 영안, 축사 등 다양한 은사를 새롭게 받을 수 있게 되어 소리 내어 읽

는 기도의 중요성을 미리 알려 드립니다.

기도책을 소리 내서 읽게 되면 그 소리가 하나님의 말씀에 음성이 입혀져서

내 마음에 영적인 감동을 안겨 주고 강력한 기도의 힘을 얻게 된다.

말씀으로 기도하면 육적인 생각이 없어지게 되므로 기도의 불이 빠르게 붙게

됨을 본인 스스로가 느낄 수 있습니다.

즉, 말씀이 성령과 하나가 되어 소리를 타고 살아 움직이면서 내 심령에 하나

님의 말씀으로 심어지는 것입니다.

너희 눈은 봄으로, 너희 귀는 들음으로 복이 있도다 _마 13:16

"예수님, 주님의 시선은 어디에 있으신가요?"
"나를 간절히 찾는 자에게 내 마음이 향하고 있노라"

영의 기도 노트를 활용하는 방법과 목적

여호와께서 모세에게 이르시되 너는 이 말들을 기록하라 _출 34:27

저자의 섬김 안내에 따라 차근 차근 읽다 보면 살아있는 말씀을 발견하게 되고, 영의 기도를 본인의 손으로 직접 써낼 수 있게 되어 기도의 성장이 있게 될 것입니다.

하나님의 말씀을 믿음으로 필사하는 동안 그 말씀을 영의 기도로 올려드리는 거룩한 예배를 성령님과 함께 여러분이 하시게 되는 과정입니다.

이 교재는 여러분 각자가 기도의 힘을 영적으로 체감할 수 있도록 구체적인 영의 기도문 쓰기를 제공해 드리고 그것에 걸맞는 예문을 실어 놓아 누구나 쉽게 이해하고 기도문을 써 나아갈 수 있도록 구성해 놓았습니다.

말씀 안에 녹아 있는 믿음과 소망과 사랑을 골고루 균형 있게 동시에 성장하게 만들고 키워낼 수 있도록 돕고 하늘의 은혜를 체험하는 영의 기도문 노트를 여러분들에게 안겨드려서 스스로의 믿음으로 스스로 기도할 수 있는 기도의 검을 가질 수 있게 만든 것이 가장 큰 목적입니다.

말씀을 영의 기도로 기록해 보시고, 공간이 남는다면 말씀을 기준으로 자기에게 적용되는 또 다른 기도문도 손필로 직접 써 보심으로

써 스스로를 돌아보는 시간을 가질 수 있습니다.

세밀하게 기록해 보시되 여러분들이 기억하기 쉽게 기록하시면 더욱 편하게 사용할 수 있습니다.

말씀을 통해 기도의 능력을 끌어올리는 구체적인 방법을 터득하시고 각자의 손필 글씨가 생각과 마음에 새겨지는 거룩한 기록이 되시기를 주님의 이름으로 축복합니다. 아멘

내 법을 그들의 생각에 두고 그들의 마음에 말씀을 기록하리라
나는 그들의 하나님이 되고 그들은 나의 백성이 되리라 _히 8:10

"예수님, 말씀을 어떻게 읽어야 정확하게 이해할 수 있어요?"
"나의 마음으로 읽어야 성령이 임하느니라"

영의 기도를 쓸 때 중요한 표현들

너희는 이 세대를 본받지 말고 오직 마음을 새롭게 함으로
변화를 받아 하나님의 선하시고 기뻐하시고 온전하신 뜻이 무엇인
지 분별하도록 하라 _롬 12:2절

1. ~ 하여 주시옵소서

예: 열매 없는 어둠의 일에 참여하지 않게 하여 주시옵소서.

2. ~ 해 주시옵소서

예: 돈에 욕심을 갖고 살은 죄를 용서해 주시옵소서.

3. ~ 주옵소서

예: 오직 성령으로 충만하게 하옵소서.

4. ~ 이십니다

예: 하늘과 땅의 권세를 가진 예수님은 나의 주님이십니다.

5. 문장 앞 뒤로 따옴표를 넣어 성경 말씀 그대로를 쓴 후 아멘으로

마친다.

예: "네 믿음이 크도다 네 소원대로 되리라" 아멘

6. 서술어 표현을 그대로 사용하되 자연스럽게 마치도록 한다.

예: 태초에 말씀이 계셨습니다.

7. ~ 하실 것입니다.

예: 내가 기도하는 날에 주께서 응답하시고 내 영혼에 힘을 주어 나를 강하게 하실 것입니다.

8. ~ 믿습니다.

예: 계명을 지키는 자는 자기의 영혼을 지키는 것임을 믿습니다.

"나의 사랑, 나의 어여쁜 자야 일어나서 함께 가자!"
"나의 신랑 되신 주님, 어디로 인도하든지 따르겠어요."

날짜   년   월   일

하나님의 음성

말씀을 깊이 묵상하여 내 영이 말씀을 먹는 시간입니다. 말씀을 소리 내어 읽고 성령의 임재를 느껴보세요.

그러므로 회개에 합당한 열매를 맺고 마3:8

이미 도끼가 나무 뿌리에 놓였으니 좋은 열매를 맺지 아니하는 나무마다 찍혀 불에 던져지리라 나는 너희로 회개하게 하기 위하여 물로 세례를 베풀거니와 내 뒤에 오시는 이는 나보다 능력이 많으시니 나는 그의 신을 들기도 감당하지 못하겠노라 그는 성령과 불로 너희에게 세례를 베푸실 것이요 마3:10-11

예수께서 대답하여 이르시되 기록되었으되 사람이 떡으로만 살 것이 아니요 하나님의 입으로부터 나오는 모든 말씀으로 살 것이라 하였느니라 하시니 마4:4

이에 예수께서 말씀하시되 사탄아 물러가라 기록되었으되 주 너의 하나님께 경배하고 다만 그를 섬기라 하였느니라 마4:10

나는 너희에게 이르노니 형제에게 노하는 자마다 심판을 받게 되고 형제를 대하여 라가라 하는 자는 공회에 잡혀가게 되고 미련한 놈이라 하는 자는 지옥 불에 들어가게 되리라 마5:22

영의 양식 먹는 시간

오늘 주신 말씀을 생각에 기록하고 마음에 새기는 과정입니다. 말씀을 내 삶에 아름답게 적용하는 과정입니다.

말씀 새기기

입술로만 하는 회개는 하나님께 인정받지 못한 거짓 회개임을 기억! 하나님의 심판의 도끼가 나무뿌리에 놓였어도 지금 회개하여 돌이키면 영원한 생명을 얻을 수 있다. 그로 인해 내 삶 속에서 하나님이 원하시는 좋은 열매를 맺고 살아갈 수 있다. 사람은 영물이므로 육을 위한 떡으로만 결코 만족되는 삶을 살 수가 없다. 하나님의 입에서 나오는 모든 말씀만으로 진정한 만족을 누린다. 내 삶에 입술의 예배를 지키지 못하면 지옥불에 들어가게 된다는 무서운 심판의 말씀을 기억하며 살아야 된다.

삶에 적용하기

남을 판단하지 않고 회개의 열매를 맺고 살아가겠다.

칭찬의 떡, 성공의 떡을 먹기 위해 세월을 낭비하지 않겠다. 나는 정금으로 사는 것보다 하나님의 말씀으로 살아가겠다. 악한 생각과 마음이 생길 때마다 대적기도하며 살아가겠다. 나를 낮춰서 하나님을 경배하고 주변 사람들을 섬기겠다. 사람들 앞에서 한 마디 말을 해도 죄가 되는지 믿음으로 확인해보고 말을 하는 거룩한 습관을 가지고 살 것이다.

주님께 고백하는 영의 일기

말씀을 먹고 기도하여 하루를 살아본 후 영의 일기를 쓰는 과정입니다. 일기를 쓰는 시간은 주님과 더욱 가까워 지는 최고의 순간입니다.

순종한 삶

나는 오늘 일터에서 남들이 사장님에 대하여 소근될 때 사장님을 판단하지 않았다.

도리어 사장님을 위한 축복기도를 올려 드렸다. 칭찬받는 곳에서 주님의 이름을 높여 드

려서 마음에 기쁨이 찾아왔다. 오늘 나는 소외된 친구를 위해 신발을 사주었고 주님을

생각하며 섬기어서 돈이 아깝지 않았다. 나와 생각이 맞지 않은 사람에게 내가 하고 싶

은 말을 하지 않아서 입술의 열매를 맺었다.

순종하지 못한 삶

나를 힘들게 한 사람이 기억이 났고 순간 대적기도를 하지 못하고 그를 미워했다.

나를 낮추지 않고 교만하게 살았고 주변 사람들을 섬기지 못하고 시간을 보냈다.

상대방의 말이 옳은 말이었지만 내 감정에 기분이 상하여 임의대로 말을 하여 입술의

죄를 지었다.

Check | 오늘 하루 동안 말씀을 내 것으로 만들어 하늘의 보화로 쌓은 영의 점수
상☐ 중✓ 하☐

36

상급이 되는 영의 기도문 쓰기

하나님이 주신 말씀을 기도문으로 만들어 신령과 진정으로 예배 드리는 시간입니다. 영의 기도는 죄를 다스리고 능히 이겨낼 수 있도록 도와주는 기적의 과정입니다.

하나님 아버지, 성령의 힘으로 영의 기도를 시작합니다.

이제는 저도 회개에 합당한 열매를 맺고 살기를 원합니다. 보혈의 권세로 입술의 고백을 하나님께 올려 드리고 삶의 열매를 성령의 힘으로 맺기를 간구합니다. 좋은 열매를 맺지 못하여 찍혀 불에 던져지지 않게 해주시옵소서.

하나님의 심판의 도끼가 나무 뿌리에 놓여지지 않기를 원합니다. 주께서 회개하는 자에게 성령과 불로 세례를 베풀어 주시옵소서.

세상이 주는 떡에 눈 멀어 살지 않기를 원합니다. 하나님의 입에서 나오는 모든 말씀으로 살아가는 자가 되게 하여 주시옵소서.

예수님의 보혈로 명하노니 판단과 정죄를 주는 사탄아 물러가라.

나는 하나님께 경배하고 사람들에게 판단과 정죄하지 않고 살아갈 것이다. 형제에게 성내지 아니하고 그리스도의 사랑으로 말을 하여 심판을 이기고 자랑하는 하나님의 긍휼을 얻게 하여 주시옵소서.

이 모든 기도를 이루어주실 우리 구주 예수님의 이름으로 기도합니다.

아멘

Day 1

날짜　　　년　　　월　　　일

하나님의 음성

말씀을 깊이 묵상하여 내 영이 말씀을 먹는 시간입니다. 말씀을 소리 내어 읽고 성령의 임재를 느껴보세요.

그러므로 회개에 합당한 열매를 맺고 마3:8

이미 도끼가 나무 뿌리에 놓였으니 좋은 열매를 맺지 아니하는 나무마다 찍혀 불에 던져지리라 나는 너희로 회개하게 하기 위하여 물로 세례를 베풀거니와 내 뒤에 오시는 이는 나보다 능력이 많으시니 나는 그의 신을 들기도 감당하지 못하겠노라 그는 성령과 불로 너희에게 세례를 베푸실 것이요 마3:10-11

예수께서 대답하여 이르시되 기록되었으되 사람이 떡으로만 살 것이 아니요 하나님의 입으로부터 나오는 모든 말씀으로 살 것이라 하였느니라 하시니 마4:4

이에 예수께서 말씀하시되 사탄아 물러가라 기록되었으되 주 너의 하나님께 경배하고 다만 그를 섬기라 하였느니라 마4:10

나는 너희에게 이르노니 형제에게 노하는 자마다 심판을 받게 되고 형제를 대하여 라가라 하는 자는 공회에 잡혀가게 되고 미련한 놈이라 하는 자는 지옥 불에 들어가게 되리라 마5:22

영의 양식 먹는 시간

오늘 주신 말씀을 생각에 기록하고 마음에 새기는 과정입니다. 말씀을 내 삶에 아름답게 적용하는 과정입니다.

말씀 새기기

_____

_____

_____

_____

_____

_____

삶에 적용하기

_____

_____

_____

_____

_____

_____

주님께 고백하는 영의 일기

말씀을 먹고 기도하여 하루를 살아본 후 영의 일기를 쓰는 과정입니다. 일기를 쓰는 시간은 주님과 더욱 가까워 지는 최고의 순간입니다.

순종한 삶

_____

_____

_____

_____

_____

순종하지 못한 삶

_____

_____

_____

_____

_____

Check | 오늘 하루 동안 말씀을 내 것으로 만들어 하늘의 보화로 쌓은 영의 점수
상☐ 중☐ 하☐

상급이 되는 영의 기도문 쓰기

하나님이 주신 말씀을 기도문으로 만들어 신령과 진정으로 예배 드리는 시간입니다. 영의 기도는 죄를 다스리고 능히 이겨낼 수 있도록 도와주는 기적의 과정입니다.

날짜   년   월   일

하나님의 음성

말씀을 깊이 묵상하여 내 영이 말씀을 먹는 시간입니다. 말씀을 소리 내어 읽고 성령의 임재를 느껴보세요.

입을 열어 가르쳐 이르시되 심령이 가난한 자는 복이 있나니 천국이 그들의 것임이요 애통하는 자는 복이 있나니 그들이 위로를 받을 것임이요 온유한 자는 복이 있나니 그들이 땅을 기업으로 받을 것임이요 의에 주리고 목마른 자는 복이 있나니 그들이 배부를 것임이요 긍휼히 여기는 자는 복이 있나니 그들이 긍휼히 여김을 받을 것임이요 마음이 청결한 자는 복이 있나니 그들이 하나님을 볼 것임이요 화평하게 하는 자는 복이 있나니 그들이 하나님의 아들이라 일컬음을 받을 것임이요 의를 위하여 박해를 받은 자는 복이 있나니 천국이 그들의 것임이라

나로 말미암아 너희를 욕하고 박해하고 거짓으로 너희를 거슬러 모든 악한 말을 할 때에는 너희에게 복이 있나니

기뻐하고 즐거워하라 하늘에서 너희의 상이 큼이라 너희 전에 있던 선지자들도 이같이 박해하였느니라 마5:2-12

이같이 너희 빛이 사람 앞에 비치게 하여 그들로 너희 착한 행실을 보고 하늘에 계신 너희 아버지께 영광을 돌리게 하라 마5:16

영의 양식 먹는 시간

오늘 주신 말씀을 생각에 기록하고 마음에 새기는 과정입니다. 말씀을 내 삶에
아름답게 적용하는 과정입니다.

말씀 새기기

삶에 적용하기

주님께 고백하는 영의 일기

말씀을 먹고 기도하여 하루를 살아본 후 영의 일기를 쓰는 과정입니다. 일기를 쓰는 시간은 주님과 더욱 가까워 지는 최고의 순간입니다.

순종한 삶

_____

_____

_____

_____

_____

순종하지 못한 삶

_____

_____

_____

_____

_____

Check | 오늘 하루 동안 말씀을 내 것으로 만들어 하늘의 보화로 쌓은 영의 점수

상☐ 중☐ 하☐

상급이 되는 영의 기도문 쓰기

하나님이 주신 말씀을 기도문으로 만들어 신령과 진정으로 예배 드리는 시간
입니다. 영의 기도는 죄를 다스리고 능히 이겨낼 수 있도록 도와주는 기적의
과정입니다.

Day 3

날짜   년   월   일

하나님의 음성

말씀을 깊이 묵상하여 내 영이 말씀을 먹는 시간입니다. 말씀을 소리 내어 읽고 성령의 임재를 느껴보세요.

진실로 너희에게 이르노니 천지가 없어지기 전에는 율법의 일점 일 획도 결코 없어지지 아니하고 다 이루리라 마5:18

그러므로 누구든지 이 계명 중의 지극히 작은 것 하나라도 버리고 또 그같이 사람을 가르치는 자는 천국에서 지극히 작다 일컬음을 받을 것이요 누구든지 이를 행하며 가르치는 자는 천국에서 크다 일컬음을 받으리라 마5:19

또한 만일 네 오른손이 너로 실족하게 하거든 찍어 내버리라 네 백 체 중 하나가 없어지고 온 몸이 지옥에 던져지지 않는 것이 유익하 니라 마5:30

나는 너희에게 이르노니 너희 원수를 사랑하며 너희를 박해하는 자 를 위하여 기도하라 마5:44

그러므로 하늘에 계신 너희 아버지의 온전하심과 같이 너희도 온전 하라 마5:48

영의 양식 먹는 시간

오늘 주신 말씀을 생각에 기록하고 마음에 새기는 과정입니다. 말씀을 내 삶에 아름답게 적용하는 과정입니다.

말씀 새기기

삶에 적용하기

주님께 고백하는 영의 일기

말씀을 먹고 기도하여 하루를 살아본 후 영의 일기를 쓰는 과정입니다. 일기를
쓰는 시간은 주님과 더욱 가까워 지는 최고의 순간입니다.

순종한 삶

_____

_____

_____

_____

_____

순종하지 못한 삶

_____

_____

_____

_____

_____

Check | 오늘 하루 동안 말씀을 내 것으로 만들어 하늘의 보화로 쌓은 영의 점수
상□ 중□ 하□

상급이 되는 영의 기도문 쓰기

하나님이 주신 말씀을 기도문으로 만들어 신령과 진정으로 예배 드리는 시간입니다. 영의 기도는 죄를 다스리고 능히 이겨낼 수 있도록 도와주는 기적의 과정입니다.

Day 4

날짜   년   월   일

하나님의 음성

말씀을 깊이 묵상하여 내 영이 말씀을 먹는 시간입니다. 말씀을 소리 내어 읽고 성령의 임재를 느껴보세요.

사람에게 보이려고 그들 앞에서 너희 의를 행하지 않도록 주의하라 그리하지 아니하면 하늘에 계신 너희 아버지께 상을 받지 못하느니라 마6:1

너는 기도할 때에 네 골방에 들어가 문을 닫고 은밀한 중에 계신 네 아버지께 기도하라 은밀한 중에 보시는 네 아버지께서 갚으시리라 마6:6

오직 너희를 위하여 보물을 하늘에 쌓아 두라 거기는 좀이나 동록이 해하지 못하며 도둑이 구멍을 뚫지도 못하고 도둑질도 못하느니라 마6:20

그러므로 내가 너희에게 이르노니 목숨을 위하여 무엇을 먹을까 무엇을 마실까 몸을 위하여 무엇을 입을까 염려하지 말라 목숨이 음식보다 중하지 아니하며 몸이 의복보다 중하지 아니하냐 마6:25

그런즉 너희는 먼저 그의 나라와 그의 의를 구하라 그리하면 이 모든 것을 너희에게 더하시리라 마6:33

영의 양식 먹는 시간

오늘 주신 말씀을 생각에 기록하고 마음에 새기는 과정입니다. 말씀을 내 삶에 아름답게 적용하는 과정입니다.

말씀 새기기

삶에 적용하기

주님께 고백하는 영의 일기

말씀을 먹고 기도하여 하루를 살아본 후 영의 일기를 쓰는 과정
쓰는 시간은 주님과 더욱 가까워 지는 최고의 순간입니다

순종한 삶

_____
_____
_____
_____
_____

순종하지 못한 삶

_____
_____
_____
_____
_____

Check | 오늘 하루 동안 말씀을 내 것으로 만들어 하늘의 보화로 쌓은 영의 점수

상 □   중 □   하 □

상급이 되는 영의 기도문 쓰기

하나님이 주신 말씀을 기도문으로 만들어 신령과 진정으로 예배 드리는 시간 입니다. 영의 기도는 죄를 다스리고 능히 이겨낼 수 있도록 도와주는 기적의 과정입니다.

Day 5

날짜   년   월   일

하나님의 음성

말씀을 깊이 묵상하여 내 영이 말씀을 먹는 시간입니다 말씀을 소리 내어 읽고 성령의 임재를 느껴보세요

비판을 받지 아니하려거든 비판하지 말라 마7:1

구하라 그리하면 너희에게 주실 것이요 찾으라 그리하면 찾아낼 것이요 문을 두드리라 그리하면 너희에게 열릴 것이니 마7:7

구하는 이마다 받을 것이요 찾는 이는 찾아낼 것이요 두드리는 이에게는 열릴 것이니라 마7:8

그러므로 무엇이든지 남에게 대접을 받고자 하는 대로 너희도 남을 대접하라 이것이 율법이요 선지자니라 마7:12

좁은 문으로 들어가라 멸망으로 인도하는 문은 크고 그 길이 넓어 그리로 들어가는 자가 많고 마7:13

나더러 주여 주여 하는 자마다 다 천국에 들어갈 것이 아니요 다만 하늘에 계신 내 아버지의 뜻대로 행하는 자라야 들어가리라 마7:21

영의 양식 먹는 시간

오늘 조신말씀을 삶에 적용하며 하나님과 동행하는 삶을 아름답게 채워가는 과정입니다.

말씀 새기기

_____

_____

_____

_____

_____

_____

삶에 적용하기

_____

_____

_____

_____

_____

_____

주님께 고백하는 영의 일기

말씀을 먹고 기도하여 하루를 살아본 후 영의 일기를 쓰는 과정입니다. 일기를
쓰는 시간은 주님과 더욱 가까워지는 최고의 순간입니다.

순종한 삶

_____

_____

_____

_____

_____

순종하지 못한 삶

_____

_____

_____

_____

_____

Check | 오늘 하루 동안 말씀을 내 것으로 만들어 하늘의 보화로 쌓은 영의 점수
상 □   중 □   하 □

상급이 되는 영의 기도문 쓰기

하나님이 주신 말씀을 기도문으로 바꿀때마다 연상으로 충만케 되는 시간입니다. 영의 기도는 죄를 다스리고 능히 이겨낼수 있도록 도와주는 기적의 과정입니다.

_____

_____

_____

_____

_____

_____

_____

_____

_____

_____

_____

_____

날짜   년   월   일

하나님의 음성

말씀을 깊이 묵상하여 내 영이 말씀을 먹는 시간입니다. 말씀을 소리 내어 읽고 성령의 임재를 느껴보세요.

한 나병환자가 나아와 절하며 이르되 주여 원하시면 저를 깨끗하게 하실 수 있나이다 하거늘 마8:2

예수께서 백부장에게 이르시되 가라 네 믿은 대로 될지어다 하시니 그 즉시 하인이 나으니라 마8:13

너희는 가서 내가 긍휼을 원하고 제사를 원하지 아니하노라 하신 뜻이 무엇인지 배우라 나는 의인을 부르러 온 것이 아니요 죄인을 부르러 왔노라 하시니라 마9:13

이에 예수께서 그들의 눈을 만지시며 이르시되 너희 믿음대로 되라 하시니 마9:29

몸은 죽여도 영혼은 능히 죽이지 못하는 자들을 두려워하지 말고 오직 몸과 영혼을 능히 지옥에 멸하실 수 있는 이를 두려워하라 마10:28

영의 양식 먹는 시간

오늘 주신 말씀을 생각에 기록하고 마음에 새기는 과정입니다. 말씀을 내 삶에
아름답게 적용하는 과정입니다.

말씀 새기기

삶에 적용하기

주님께 고백하는 영의 일기

말씀을 먹고 기도하여 하루를 살아본 후 영의 일기를 쓰는 과정입니다. 일기를
쓰는 시간은 주님과 더욱 가까워 지는 최고의 순간입니다.

순종한 삶

_____

_____

_____

_____

_____

순종하지 못한 삶

_____

_____

_____

_____

_____

Check | 오늘 하루 동안 말씀을 내 것으로 만들어 하늘의 보화로 쌓은 영의 점수

상☐ 중☐ 하☐

상급이 되는 영의 기도문 쓰기

하나님이 주신 말씀을 기도문으로 만들어 신령과 진정으로 예배 드리는 시간입니다. 영의 기도는 죄를 다스리고 능히 이겨낼 수 있도록 도와주는 기적의 과정입니다.

Day 7

날짜   년   월   일

하나님의 음성

말씀을 깊이 묵상하여 내 영이 말씀을 먹는 시간입니다. 말씀을 소리 내어 읽고 성령의 임재를 느껴보세요.

세례 요한의 때부터 지금까지 천국은 침노를 당하나니 침노하는 자는 빼앗느니라 마11:12

나는 마음이 온유하고 겸손하니 나의 멍에를 메고 내게 배우라 그리하면 너희 마음이 쉼을 얻으리니 마11:29

이에 예수께서 제자들에게 이르시되 누구든지 나를 따라오려거든 자기를 부인하고 자기 십자가를 지고 나를 따를 것이니라 마16:24

그러므로 누구든지 이 어린 아이와 같이 자기를 낮추는 사람이 천국에서 큰 자니라 마18:4

너희가 각각 마음으로부터 형제를 용서하지 아니하면 나의 하늘 아버지께서도 너희에게 이와 같이 하시리라 마18:35

예수께서 이르시되 어찌하여 선한 일을 내게 묻느냐 선한 이는 오직 한 분이시니라 네가 생명에 들어 가려면 계명들을 지키라 마19:17

영의 양식 먹는 시간

오늘 주신 말씀을 생각에 기록하고 마음에 새기는 과정입니다. 말씀을 내 삶에
아름답게 적용하는 과정입니다.

말씀 새기기

삶에 적용하기

주님께 고백하는 영의 일기

말씀을 먹고 기도하여 하루를 살아본 후 영의 일기를 쓰는 과정입니다. 일기를 쓰는 시간은 주님과 더욱 가까워 지는 최고의 순간입니다.

순종한 삶

_____

_____

_____

_____

_____

순종하지 못한 삶

_____

_____

_____

_____

_____

Check | 오늘 하루 동안 말씀을 내 것으로 만들어 하늘의 보화로 쌓은 영의 점수
상□ 중□ 하□

상급이 되는 영의 기도문 쓰기

하나님이 주신 말씀을 기도문으로 만들어 신령과 진정으로 예배 드리는 시간
입니다. 영의 기도는 죄를 다스리고 능히 이겨낼 수 있도록 도와주는 기적의
과정입니다.

이 땅에서 겪는 모든 고난은 끝이 있다
그러므로 모든 것을 주께 드리라
해 아래 내 것이 하나도 없나니
나를 비우라
주님이 내 허물을 용서하셨으니
나도 다른 사람의 허물을
용서하리라

1주차 영적 자가 진단 체크

일주일 동안 말씀을 묵상하고 영의 기도를 올려드리는 동안
내 삶을 돌이키며 영적 자가 진단을 해보세요.

영적 자가 진단 체크 리스트	상	중	하
작은 것에 감사하는 고백이 있었나요?			
내 경험보다 말씀을 더 의지하셨나요?			
눈으로 죄를 짓지 않으려고 노력하셨나요?			
손해보는 상황에서 말씀을 피하지 않았나요?			
남을 판단하지 않으려고 힘써 노력해 보셨나요?			
내 감정과 고집과 교만을 예수님께 내어드렸나요?			
하나님을 의식하여 나의 일을 시작하고 마치셨나요?			
나를 방어하기 위한 순간적인 거짓말을 하지 않았나요?			
하고 싶은 말은 있었지만 말씀 때문에 무언해 보셨나요?			
정해진 시간과 매 순간마다 드리는 삶의 기도가 있었나요?			

회개와 결단

_____

_____

_____

_____

_____

Check │ 일주일 동안 말씀을 내 것으로 만들어 하늘의 보화로 쌓은 영의 점수

상☐ 중☐ 하☐

Day 8

날짜   년   월   일

하나님의 음성

말씀을 깊이 묵상하여 내 영이 말씀을 먹는 시간입니다. 말씀을 소리 내어 읽고 성령의 임재를 느껴보세요.

너희가 기도할 때에 무엇이든지 믿고 구하는 것은 다 받으리라 하시니라 마21:22

예수께서 이르시되 네 마음을 다하고 목숨을 다하고 뜻을 다하여 주 너의 하나님을 사랑하라 하셨으니 마22:37

예수께서 대답하여 이르시되 너희가 사람의 미혹을 받지 않도록 주의하라 마24:4

조금 나아가사 얼굴을 땅에 대시고 엎드려 기도하여 이르시되 내 아버지여 만일 할 만하시거든 이 잔을 내게서 지나가게 하옵소서 그러나 나의 원대로 마시옵고 아버지의 원대로 하옵소서 하시고 마26:39

시험에 들지 않게 깨어 기도하라 마음에는 원이로되 육신이 약하도다 하시고 마26:41

영의 양식 먹는 시간

오늘 주신 말씀을 생각에 기록하고 마음에 새기는 과정입니다. 말씀을 내 삶에
아름답게 적용하는 과정입니다.

말씀 새기기

삶에 적용하기

주님께 고백하는 영의 일기

말씀을 먹고 기도하여 하루를 살아본 후 영의 일기를 쓰는 과정입니다. 일기를
쓰는 시간은 주님과 더욱 가까워 지는 최고의 순간입니다.

순종한 삶

_____

_____

_____

_____

_____

순종하지 못한 삶

_____

_____

_____

_____

_____

Check | 오늘 하루 동안 말씀을 내 것으로 만들어 하늘의 보화로 쌓은 영의 점수
상☐ 중☐ 하☐

상급이 되는 영의 기도문 쓰기

하나님이 주신 말씀을 기도문으로 만들어 신령과 진정으로 예배 드리는 시간입니다. 영의 기도는 죄를 다스리고 능히 이겨낼 수 있도록 도와주는 기적의 과정입니다.

날짜   년   월   일

하나님의 음성

말씀을 깊이 묵상하여 내 영이 말씀을 먹는 시간입니다. 말씀을 소리 내어 읽고 성령의 임재를 느껴보세요.

예수께서 꾸짖어 이르시되 잠잠하고 그 사람에게서 나오라 하시니
막1:25

예수께서 이르시되 할 수 있거든이 무슨 말이냐 믿는 자에게는 능히 하지 못할 일이 없느니라 하시니 막9:23

네가 계명을 아나니 살인하지 말라, 간음하지 말라, 도둑질하지 말라, 거짓 증언 하지 말라, 속여 빼앗지 말라, 네 부모를 공경하라 하였느니라 막10:19

예수께서 그들을 보시며 이르시되 사람으로는 할 수 없으되 하나님으로는 그렇지 아니하니 하나님으로서는 다 하실 수 있느니라
막10:27

뱀을 집어올리며 무슨 독을 마실지라도 해를 받지 아니하며 병든 사람에게 손을 얹은즉 나으리라 하시더라 막16:18

영의 양식 먹는 시간

오늘 주신 말씀을 생각에 기록하고 마음에 새기는 과정입니다. 말씀을 내 삶에 아름답게 적용하는 과정입니다.

말씀 새기기

삶에 적용하기

주님께 고백하는 영의 일기

말씀을 먹고 기도하여 하루를 살아본 후 영의 일기를 쓰는 과정입니다. 일기를
쓰는 시간은 주님과 더욱 가까워 지는 최고의 순간입니다.

순종한 삶

_____

_____

_____

_____

_____

순종하지 못한 삶

_____

_____

_____

_____

_____

Check | 오늘 하루 동안 말씀을 내 것으로 만들어 하늘의 보화로 쌓은 영의 점수
상☐ 중☐ 하☐

74

상급이 되는 영의 기도문 쓰기

하나님이 주신 말씀을 기도문으로 만들어 신령과 진정으로 예배 드리는 시간 입니다. 영의 기도는 죄를 다스리고 능히 이겨낼 수 있도록 도와주는 기적의 과정입니다.

Day 10

Day 10

날짜   년   월   일

하나님의 음성

말씀을 깊이 묵상하여 내 영이 말씀을 먹는 시간입니다. 말씀을 소리 내어 읽고 성령의 임재를 느껴보세요.

선지자 이사야의 책에 쓴 바 광야에서 외치는 자의 소리가 있어 이르되 너희는 주의 길을 준비하라 그의 오실 길을 곧게 하라 눅3:4

주라 그리하면 너희에게 줄 것이니 곧 후히 되어 누르고 흔들어 넘치도록 하여 너희에게 안겨 주리라 너희가 헤아리는 그 헤아림으로 너희도 헤아림을 도로 받을 것이니라 눅6:38

예수께서 이르시되 손에 쟁기를 잡고 뒤를 돌아보는 자는 하나님의 나라에 합당하지 아니하니라 하시니라 눅9:62

자기를 위하여 재물을 쌓아 두고 하나님께 대하여 부요하지 못한 자가 이와 같으니라 눅12:21

주께서 이르시되 지혜 있고 진실한 청지기가 되어 주인에게 그 집 종들을 맡아 때를 따라 양식을 나누어 줄 자가 누구냐 눅12:42

영의 양식 먹는 시간

오늘 주신 말씀을 생각에 기록하고 마음에 새기는 과정입니다. 말씀을 내 삶에 아름답게 적용하는 과정입니다.

말씀 새기기

삶에 적용하기

주님께 고백하는 영의 일기

말씀을 먹고 기도하여 하루를 살아본 후 영의 일기를 쓰는 과정입니다. 일기를 쓰는 시간은 주님과 더욱 가까워 지는 최고의 순간입니다.

순종한 삶

_____

_____

_____

_____

_____

순종하지 못한 삶

_____

_____

_____

_____

_____

Check | 오늘 하루 동안 말씀을 내 것으로 만들어 하늘의 보화로 쌓은 영의 점수
상□ 중□ 하□

상급이 되는 영의 기도문 쓰기

하나님이 주신 말씀을 기도문으로 만들어 신령과 진정으로 예배 드리는 시간입니다. 영의 기도는 죄를 다스리고 능히 이겨낼 수 있도록 도와주는 기적의 과정입니다.

Day 11

날짜   년   월   일

하나님의 음성

말씀을 깊이 묵상하여 내 영이 말씀을 먹는 시간입니다. 말씀을 소리 내어 읽고 성령의 임재를 느껴보세요.

예수께서 그들에게 항상 기도하고 낙심하지 말아야 할 것을 비유로 말씀하여 눅18:1

주인이 이르되 잘하였다 착한 종이여 네가 지극히 작은 것에 충성하였으니 열 고을 권세를 차지하라 하고 눅19:17

이러므로 너희는 장차 올 이 모든 일을 능히 피하고 인자 앞에 서도록 항상 기도하며 깨어 있으라 하시니라 눅21:36

이르되 예수여 당신의 나라에 임하실 때에 나를 기억하소서 하니 눅23:42

이 말을 할 때에 예수께서 친히 그들 가운데 서서 이르시되 너희에게 평강이 있을지어다 하시니 눅24:36

이에 그들의 마음을 열어 성경을 깨닫게 하시고 눅24:45

오늘 주신 말씀을 생각에 기록하고 마음에 새기는 과정입니다. 말씀을 내 삶에 아름답게 적용하는 과정입니다.

말씀 새기기

삶에 적용하기

주님께 고백하는 영의 일기

말씀을 먹고 기도하여 하루를 살아본 후 영의 일기를 쓰는 과정입니다. 일기를
쓰는 시간은 주님과 더욱 가까워 지는 최고의 순간입니다.

순종한 삶

순종하지 못한 삶

Check | 오늘 하루 동안 말씀을 내 것으로 만들어 하늘의 보화로 쌓은 영의 점수

상☐   중☐   하☐

하나님이 주신 말씀을 기도문으로 만들어 신령과 진정으로 예배 드리는 시간
입니다. 영의 기도는 죄를 다스리고 능히 이겨낼 수 있도록 도와주는 기적의
과정입니다.

Day 12

날짜　　　　년　　　월　　　일

하나님의 음성

말씀을 깊이 묵상하여 내 영이 말씀을 먹는 시간입니다 말씀을 소리 내어 읽고 성령의 임재를 느껴보세요

요한이 대답하여 이르되 만일 하늘에서 주신 바 아니면 사람이 아무 것도 받을 수 없느니라 요3:27

하나님은 영이시니 예배하는 자가 영과 진리로 예배할지니라 요4:24

썩을 양식을 위하여 일하지 말고 영생하도록 있는 양식을 위하여 하라 이 양식은 인자가 너희에게 주리니 인자는 아버지 하나님께서 인치신 자니라 요6:27

예수께서 이르시되 나는 생명의 떡이니 내게 오는 자는 결코 주리지 아니할 터이요 나를 믿는 자는 영원히 목마르지 아니하리라 요6:35

예수께서 이르시되 내가 진실로 진실로 너희에게 이르노니 인자의 살을 먹지 아니하고 인자의 피를 마시지 아니하면 너희 속에 생명이 없느니라 내 살을 먹고 내 피를 마시는 자는 영생을 가졌고 마지막 날에 내가 그를 다시 살리리니 요6:53,54

영의 양식 먹는 시간

오늘 조심 말씀을 ...

말씀 새기기

_____

_____

_____

_____

_____

_____

삶에 적용하기

_____

_____

_____

_____

_____

_____

주님께 고백하는 영의 일기

말씀을 먹고 기도하여 하루를 살아본 후 영의 일기를 쓰는 과정입니다. 일기를 쓰는 시간은 주님과 더욱 가까워 지는 최고의 순간입니다.

순종한 삶

_____

_____

_____

_____

_____

순종하지 못한 삶

_____

_____

_____

_____

_____

Check | 오늘 하루 동안 말씀을 내 것으로 만들어 하늘의 보화로 쌓은 영의 점수

상 ☐ 중 ☐ 하 ☐

86

상급이 되는 영의 기도문 쓰기

하나님이 주신 말씀을 기도문으로 만들어서 영의 언어으로 드려드리는 시간
입니다. 영의 기도는 죄를 다스리고 능히 이겨낼 수 있도록 도와주는 기적의
과정입니다.

날짜   년   월   일

하나님의 음성

말씀을 깊이 묵상하여 내 영이 말씀을 먹게 하고 말씀을 소리 내서 읽음으로 써 믿음의 힘을 부여받아 그 믿음으로 성령의 열매와 순종의 열매를 맺도록 하는 과정입니다.

외모로 판단하지 말고 공의롭게 판단하라 하시니라 요7:24

나를 믿는 자는 성경에 이름과 같이 그 배에서 생수의 강이 흘러나오리라 하시니 요7:38

나를 보내신 이가 나와 함께 하시도다 나는 항상 그가 기뻐하시는 일을 행하므로 나를 혼자 두지 아니하셨느니라 요8:29

진실로 진실로 너희에게 이르노니 사람이 내 말을 지키면 영원히 죽음을 보지 아니하리라 요8:51

그들은 사람의 영광을 하나님의 영광보다 더 사랑하였더라 요12:43

나는 그의 명령이 영생인 줄 아노라 그러므로 내가 이르는 것은 내 아버지께서 내게 말씀하신 그대로니라 하시니라 요12:50

영의 양식 먹는 시간

오늘 주신 말씀을 생각에 기록하고 마음에 새기는 과정입니다. 말씀을 내 삶에 아름답게 적용하는 과정입니다.

말씀 새기기

삶에 적용하기

주님께 고백하는 영의 일기

말씀을 먹고 기도하여 하루를 살아본 후 영의 일기를 쓰는 과정입니다. 일기를
쓰는 시간은 주님과 더욱 가까워 지는 최고의 순간입니다.

순종한 삶

순종하지 못한 삶

오늘 하루 동안 말씀을 내 것으로 만들어 하늘의 보화로 쌓은 영의 점수

상☐ 중☐ 하☐

상급이 되는 영의 기도문 쓰기

하나님이 주신 말씀을 기도문으로 만들어 신령과 진정으로 예배 드리는 시간
입니다. 영의 기도는 죄를 다스리고 능히 이겨낼 수 있도록 도와주는 기적의
과정입니다.

날짜   년   월   일

하나님의 음성

말씀을 깊이 묵상하여 내 영이 말씀을 먹는 시간입니다. 말씀을 소리 내어 읽고 성령의 임재를 느껴보세요.

유월절 전에 예수께서 자기가 세상을 떠나 아버지께로 돌아가실 때가 이른 줄 아시고 세상에 있는 자기 사람들을 사랑하시되 끝까지 사랑하시니라 요13:1

너희가 이것을 알고 행하면 복이 있으리라 요13:17

그가 와서 죄에 대하여, 의에 대하여, 심판에 대하여 세상을 책망하시리라 요16:8

내가 진실로 진실로 너희에게 이르노니 너희는 곡하고 애통하겠으나 세상은 기뻐하리라 너희는 근심하겠으나 너희 근심이 도리어 기쁨이 되리라 요16:20

이것을 너희에게 이르는 것은 너희로 내 안에서 평안을 누리게 하려 함이라 세상에서는 너희가 환난을 당하나 담대하라 내가 세상을 이기었노라 요16:33

영의 양식 먹는 시간

오늘 주신 말씀을 생각에 기록하고 마음에 새기는 과정입니다. 말씀을 내 삶에
아름답게 적용하는 과정입니다.

말씀 새기기

_____

_____

_____

_____

_____

_____

삶에 적용하기

_____

_____

_____

_____

_____

_____

주님께 고백하는 영의 일기

말씀을 먹고 기도하여 하루를 살아본 후 영의 일기를 쓰는 과정입니다. 일기를 쓰는 시간은 주님과 더욱 가까워 지는 최고의 순간입니다.

순종한 삶

_____

_____

_____

_____

_____

순종하지 못한 삶

_____

_____

_____

_____

_____

Check │ 오늘 하루 동안 말씀을 내 것으로 만들어 하늘의 보화로 쌓은 영의 점수

상□ 중□ 하□

상급이 되는 영의 기도문 쓰기

하나님이 주신 말씀을 기도문으로 만들어 신령과 진정으로 예배 드리는 시간 입니다. 영의 기도는 죄를 다스리고 능히 이겨낼 수 있도록 도와주는 기적의 과정입니다.

이 세상에서는
사랑의 불자국, 믿음의 희생, 고난의 소망만이
주의 흔적되어 하늘에 영원히 기록된다

2주차 영적 자가 진단 체크

일주일 동안 말씀을 묵상하고 영의 기도를 올려드리는 동안
내 삶을 돌이키며 영적 자가 진단을 해보세요.

영적 자가 진단 체크 리스트	상	중	하
작은 것에 감사하는 고백이 있었나요?			
내 경험보다 말씀을 더 의지하셨나요?			
눈으로 죄를 짓지 않으려고 노력하셨나요?			
손해보는 상황에서 말씀을 피하지 않았나요?			
남을 판단하지 않으려고 힘써 노력해 보셨나요?			
내 감정과 고집과 교만을 예수님께 내어드렸나요?			
하나님을 의식하여 나의 일을 시작하고 마치셨나요?			
나를 방어하기 위한 순간적인 거짓말을 하지 않았나요?			
하고 싶은 말은 있었지만 말씀 때문에 무언해 보셨나요?			
정해진 시간과 매 순간마다 드리는 삶의 기도가 있었나요?			

회개와 결단

_____

_____

_____

_____

_____

Check | 일주일 동안 말씀을 내 것으로 만들어 하늘의 보화로 쌓은 영의 점수

상□ 중□ 하□

날짜   년   월   일

하나님의 음성

말씀을 깊이 묵상하여 내 영이 말씀을 먹는 시간입니다. 말씀을 소리 내어 읽고 성령의 임재를 느껴보세요.

베드로가 이르되 은과 금은 내게 없거니와 내게 있는 이것을 네게 주노니 나사렛 예수 그리스도의 이름으로 일어나 걸으라 하고 행3:6

그러므로 너희가 회개하고 돌이켜 너희 죄 없이 함을 받으라 이같이 하면 새롭게 되는 날이 주 앞으로부터 이를 것이요 행3:19

하나님이 그 종을 세워 복 주시려고 너희에게 먼저 보내사 너희로 하여금 돌이켜 각각 그 악함을 버리게 하셨느니라 행3:26

너희와 모든 이스라엘 백성들은 알라 너희가 십자가에 못 박고 하나님이 죽은 자 가운데서 살리신 나사렛 예수 그리스도의 이름으로 이 사람이 건강하게 되어 너희 앞에 섰느니라 행4:10

다른 이로써는 구원을 받을 수 없나니 천하 사람 중에 구원을 받을 만한 다른 이름을 우리에게 주신 일이 없음이라 하였더라 행4:12

주여 이제도 그들의 위협함을 굽어보시옵고 또 종들로 하여금 담대히 하나님의 말씀을 전하게 하여 주시오며 행4:29

영의 양식 먹는 시간

오늘 주신 말씀을 생각에 기록하고 마음에 새기는 과정입니다. 말씀을 내 삶에 아름답게 적용하는 과정입니다.

말씀 새기기

삶에 적용하기

주님께 고백하는 영의 일기

말씀을 먹고 기도하여 하루를 살아본 후 영의 일기를 쓰는 과정입니다. 일기를 쓰는 시간은 주님과 더욱 가까워 지는 최고의 순간입니다.

순종한 삶

_____

_____

_____

_____

_____

순종하지 못한 삶

_____

_____

_____

_____

_____

Check | 오늘 하루 동안 말씀을 내 것으로 만들어 하늘의 보화로 쌓은 영의 점수

상□   중□   하□

상급이 되는 영의 기도문 쓰기

하나님이 주신 말씀을 기도문으로 만들어 신령과 진정으로 예배 드리는 시간입니다. 영의 기도는 죄를 다스리고 능히 이겨낼 수 있도록 도와주는 기적의 과정입니다.

Day 16

날짜   년   월   일

하나님의 음성

말씀을 깊이 묵상하여 내 영이 말씀을 먹는 시간입니다. 말씀을 소리 내어 읽고 성령의 임재를 느껴보세요.

그들이 돌로 스데반을 치니 스데반이 부르짖어 이르되 주 예수여 내 영혼을 받으시옵소서 하고 행7:59

그러므로 너의 이 악함을 회개하고 주께 기도하라 혹 마음에 품은 것을 사하여 주시리라 행8:22

그가 내 이름을 위하여 얼마나 고난을 받아야 할 것을 내가 그에게 보이리라 하시니 행9:16

그리하여 온 유대와 갈릴리와 사마리아 교회가 평안하여 든든히 서 가고 주를 경외함과 성령의 위로로 진행하여 수가 더 많아지니라 행9:31

욥바에 다비다라 하는 여제자가 있으니 그 이름을 번역하면 도르가라 선행과 구제하는 일이 심히 많더니 행9:36

영의 양식 먹는 시간

오늘 주신 말씀을 생각에 기록하고 마음에 새기는 과정입니다. 말씀을 내 삶에
아름답게 적용하는 과정입니다.

말씀 새기기

_____

_____

_____

_____

_____

_____

삶에 적용하기

_____

_____

_____

_____

_____

_____

주님께 고백하는 영의 일기

말씀을 먹고 기도하여 하루를 살아본 후 영의 일기를 쓰는 과정입니다. 일기를 쓰는 시간은 주님과 더욱 가까워 지는 최고의 순간입니다.

순종한 삶

_____

_____

_____

_____

_____

순종하지 못한 삶

_____

_____

_____

_____

_____

Check | 오늘 하루 동안 말씀을 내 것으로 만들어 하늘의 보화로 쌓은 영의 점수
상□ 중□ 하□

상급이 되는 영의 기도문 쓰기

하나님이 주신 말씀을 기도문으로 만들어 신령과 진정으로 예배 드리는 시간입니다. 영의 기도는 죄를 다스리고 능히 이겨낼 수 있도록 도와주는 기적의 과정입니다.

날짜   년   월   일

하나님의 음성

말씀을 깊이 묵상하여 내 영이 말씀을 먹는 시간입니다. 말씀을 소리 내어 읽고 성령의 임재를 느껴보세요..

그가 경건하여 온 집안과 더불어 하나님을 경외하며 백성을 많이 구제하고 하나님께 항상 기도하더니 행10:2

고넬료가 주목하여 보고 두려워 이르되 주여 무슨 일이니이까 천사가 이르되 네 기도와 구제가 하나님 앞에 상달되어 기억하신 바가 되었으니 행10:4

베드로가 입을 열어 말하되 내가 참으로 하나님은 사람의 외모를 보지 아니하시고 행10:34

하나님이 나사렛 예수에게 성령과 능력을 기름 붓듯 하셨으매 그가 두루 다니시며 선한 일을 행하시고 마귀에게 눌린 모든 사람을 고치셨으니 이는 하나님이 함께 하셨음이라 행10:38

그에 대하여 모든 선지자도 증언하되 그를 믿는 사람들이 다 그의 이름을 힘입어 죄 사함을 받는다 하였느니라 행10:43

영의 양식 먹는 시간

오늘 주신 말씀을 생각에 기록하고 마음에 새기는 과정입니다. 말씀을 내 삶에 아름답게 적용하는 과정입니다.

말씀 새기기

삶에 적용하기

주님께 고백하는 영의 일기

말씀을 먹고 기도하여 하루를 살아본 후 영의 일기를 쓰는 과정입니다. 일기를 쓰는 시간은 주님과 더욱 가까워 지는 최고의 순간입니다.

순종한 삶

_____

_____

_____

_____

순종하지 못한 삶

_____

_____

_____

_____

Check | 오늘 하루 동안 말씀을 내 것으로 만들어 하늘의 보화로 쌓은 영의 점수
상□   중□   하□

상급이 되는 영의 기도문 쓰기

하나님이 주신 말씀을 기도문으로 만들어 신령과 진정으로 예배 드리는 시간입니다. 영의 기도는 죄를 다스리고 능히 이겨낼 수 있도록 도와주는 기적의 과정입니다.

Day 18

날짜   년   월   일

하나님의 음성

말씀을 깊이 묵상하여 내 영이 말씀을 먹는 시간입니다. 말씀을 소리 내어 읽고 성령의 임재를 느껴보세요.

내가 주의 말씀에 요한은 물로 세례를 베풀었으나 너희는 성령으로 세례를 받으리라 하신 것이 생각났노라 행11:16

그들이 이 말을 듣고 잠잠하여 하나님께 영광을 돌려 이르되 그러면 하나님께서 이방인에게도 생명 얻는 회개를 주셨도다 하니라 행11:18

하나님의 말씀은 흥왕하여 더하더라 행12:24

이르되 모든 거짓과 악행이 가득한 자요 마귀의 자식이요 모든 의의 원수여 주의 바른 길을 굽게 하기를 그치지 아니하겠느냐 행13:10

폐하시고 다윗을 왕으로 세우시고 증언하여 이르시되 내가 이새의 아들 다윗을 만나니 내 마음에 맞는 사람이라 내 뜻을 다 이루리라 하시더니 행13:22

오늘 주신 말씀을 생각에 기록하고 마음에 새기는 과정입니다. 말씀을 내 삶에
아름답게 적용하는 과정입니다.

말씀 새기기

삶에 적용하기

주님께 고백하는 영의 일기

말씀을 먹고 기도하여 하루를 살아본 후 영의 일기를 쓰는 과정입니다. 영의 일기를 쓰는 시간은 주님과 더욱 가까워 지는 최고의 순간입니다.

순종한 삶

순종하지 못한 삶

Check 오늘 하루 동안 말씀을 내 것으로 만들어 하늘의 보화로 쌓은 영의 점수

상☐ 중☐ 하☐

하나님이 주신 말씀을 기도문으로 만들어 신령과 진정으로 예배 드리는 시간입니다. 영의 기도는 죄를 다스리고 능히 이겨낼 수 있도록 도와주는 기적의 과정입니다.

Day 19

날짜   년   월   일

하나님의 음성

말씀을 깊이 묵상하여 내 영이 말씀을 먹는 시간입니다. 말씀을 소리 내어 읽고 성령의 임재를 느껴보세요.

바울이 말하는 것을 듣거늘 바울이 주목하여 구원 받을 만한 믿음이 그에게 있는 것을 보고 행14:9

그러나 자기를 증언하지 아니하신 것이 아니니 곧 여러분에게 하늘로부터 비를 내리시며 결실기를 주시는 선한 일을 하사 음식과 기쁨으로 여러분의 마음에 만족하게 하셨느니라 하고 행14:17

제자들의 마음을 굳게 하여 이 믿음에 머물러 있으라 권하고 또 우리가 하나님의 나라에 들어가려면 많은 환난을 겪어야 할 것이라 하고 행14:22

이 후에 내가 돌아와서 다윗의 무너진 장막을 다시 지으며 또 그 허물어진 것을 다시 지어 일으키리니 행15:16

사람을 택하여 우리 주 예수 그리스도의 이름을 위하여 생명을 아끼지 아니하는 자인 우리가 사랑하는 바나바와 바울과 함께 너희에게 보내기를 만장일치로 결정하였노라 행15:25

영의 양식 먹는 시간

오늘 주신 말씀을 생각에 기록하고 마음에 새기는 과정입니다. 말씀을 내 삶에
아름답게 적용하는 과정입니다.

말씀 새기기

_____

_____

_____

_____

_____

_____

삶에 적용하기

_____

_____

_____

_____

_____

_____

주님께 고백하는 영의 일기

말씀을 먹고 기도하여 하루를 살아본 후 영의 일기를 쓰는 과정입니다. 일기를
쓰는 시간은 주님과 더욱 가까워 지는 최고의 순간입니다.

순종한 삶

_____

_____

_____

_____

_____

순종하지 못한 삶

_____

_____

_____

_____

_____

Check | 오늘 하루 동안 말씀을 내 것으로 만들어 하늘의 보화로 쌓은 영의 점수
상☐ 중☐ 하☐

상급이 되는 영의 기도문 쓰기

하나님이 주신 말씀을 기도문으로 만들어 하나님 말씀으로 기도하는 시간입니다. 영의 기도는 죄를 다스리고 능히 이겨낼 수 있도록 도와주는 기적의 과정입니다.

Day 20

날짜   년   월   일

하나님의 음성

말씀을 깊이 묵상하여 내 영이 말씀을 먹는 시간입니다. 말씀을 소리 내어 읽고 성령의 임재를 느껴보세요.

베뢰아에 있는 사람들은 데살로니가에 있는 사람들보다 더 너그러워서 간절한 마음으로 말씀을 받고 이것이 그러한가 하여 날마다 성경을 상고하므로 행17:11

이는 정하신 사람으로 하여금 천하를 공의로 심판할 날을 작정하시고 이에 그를 죽은 자 가운데서 다시 살리신 것으로 모든 사람에게 믿을 만한 증거를 주셨음이니라 하니라 행17:31

내가 너와 함께 있으매 어떤 사람도 너를 대적하여 해롭게 할 자가 없을 것이니 이는 이 성중에 내 백성이 많음이라 하시더라 행18:10

하나님이 바울의 손으로 놀라운 능력을 행하게 하시니 행19:11

믿음으로 그들의 마음을 깨끗이 하사 그들이나 우리나 차별하지 아니하셨느니라 행15:9

영의 양식 먹는 시간

오늘 주신 말씀을 생각에 기록하고 마음에 새기는 과정입니다. 말씀을 내 삶에 아름답게 적용하는 과정입니다.

말씀 새기기

삶에 적용하기

주님께 고백하는 영의 일기

말씀을 먹고 기도하여 하루를 살아본 후 영의 일기를 쓰는 과정입니다. 일기를
쓰는 시간은 주님과 더욱 가까워 지는 최고의 순간입니다.

순종한 삶

순종하지 못한 삶

Check | 오늘 하루 동안 말씀을 내 것으로 만들어 하늘의 보화로 쌓은 영의 점수
상☐ 중☐ 하☐

상급이 되는 영의 기도문 쓰기

하나님이 주신 말씀을 기도문으로 만들어 신령과 진정으로 예배 드리는 시간입니다. 영의 기도는 죄를 다스리고 능히 이겨낼 수 있도록 도와주는 기적의 과정입니다.

Day 21

날짜   년   월   일

하나님의 음성

말씀을 깊이 묵상하여 내 영이 말씀을 먹는 시간입니다. 말씀을 소리 내어 읽고 성령의 임재를 느껴보세요.

유대인과 헬라인들에게 하나님께 대한 회개와 우리 주 예수 그리스도께 대한 믿음을 증언한 것이라 행20:21

보라 이제 나는 성령에 매여 예루살렘으로 가는데 거기서 무슨 일을 당할는지 알지 못하노라 행20:22

내가 달려갈 길과 주 예수께 받은 사명 곧 하나님의 은혜의 복음을 증언하는 일을 마치려 함에는 나의 생명조차 조금도 귀한 것으로 여기지 아니하노라 행20:24

내가 아무의 은이나 금이나 의복을 탐하지 아니하였고 행20:33

범사에 여러분에게 모본을 보여준 바와 같이 수고하여 약한 사람들을 돕고 또 주 예수께서 친히 말씀하신 바 주는 것이 받는 것보다 복이 있다 하심을 기억하여야 할지니라 행20:35

영의 양식 먹는 시간

오늘 주신 말씀을 생각에 기록하고 마음에 새기는 과정입니다. 말씀을 내 삶에 아름답게 적용하는 과정입니다.

말씀 새기기

삶에 적용하기

주님께 고백하는 영의 일기

말씀을 먹고 기도하여 하루를 살아본 후 영의 일기를 쓰는 과정입니다. 일기를 쓰는 시간은 주님과 더욱 가까워 지는 최고의 순간입니다.

순종한 삶

_____

_____

_____

_____

_____

순종하지 못한 삶

_____

_____

_____

_____

_____

Check | 오늘 하루 동안 말씀을 내 것으로 만들어 하늘의 보화로 쌓은 영의 점수
상☐ 중☐ 하☐

상급이 되는 영의 기도문 쓰기

하나님이 주신 말씀을 기도문으로 만들어 신령과 진정으로 예배 드리는 시간입니다. 영의 기도는 죄를 다스리고 능히 이겨낼 수 있도록 도와주는 기적의 과정입니다.

우리의 겉사람은 낡아지나
우리의 속사람은 날로 새로워지도다
예수님이 나를 위해 죽으셨으니
나도 예수님을 위해 죽으리라

3주차 영적 자가 진단 체크

일주일 동안 말씀을 묵상하고 영의 기도를 올려드리는 동안
내 삶을 돌이키며 영적 자가 진단을 해보세요.

영적 자가 진단 체크 리스트	상	중	하
작은 것에 감사하는 고백이 있었나요?			
내 경험보다 말씀을 더 의지하셨나요?			
눈으로 죄를 짓지 않으려고 노력하셨나요?			
손해보는 상황에서 말씀을 피하지 않았나요?			
남을 판단하지 않으려고 힘써 노력해 보셨나요?			
내 감정과 고집과 교만을 예수님께 내어드렸나요?			
하나님을 의식하여 나의 일을 시작하고 마치셨나요?			
나를 방어하기 위한 순간적인 거짓말을 하지 않았나요?			
하고 싶은 말은 있었지만 말씀 때문에 무언해 보셨나요?			
정해진 시간과 매 순간마다 드리는 삶의 기도가 있었나요?			

회개와 결단

_____

_____

_____

_____

_____

_____

Check   일주일 동안 말씀을 내 것으로 만들어 하늘의 보화로 쌓은 영의 점수

상☐ 중☐ 하☐

Day 22

날짜   년   월   일

하나님의 음성

말씀을 깊이 묵상하여 내 영이 말씀을 먹는 시간입니다. 말씀을 소리 내어 읽고 성령의 임재를 느껴보세요.

이것으로 말미암아 나도 하나님과 사람에 대하여 항상 양심에 거리낌이 없기를 힘쓰나이다 행24:16

그 눈을 뜨게 하여 어둠에서 빛으로, 사탄의 권세에서 하나님께로 돌아오게 하고 죄 사함과 나를 믿어 거룩하게 된 무리 가운데서 기업을 얻게 하리라 하더이다 행26:18

먼저 다메섹과 예루살렘에 있는 사람과 유대 온 땅과 이방인에게까지 회개하고 하나님께로 돌아와서 회개에 합당한 일을 하라 전하므로 행26:20

그 곳 형제들이 우리 소식을 듣고 압비오 광장과 트레이스 타베르네까지 맞으러 오니 바울이 그들을 보고 하나님께 감사하고 담대한 마음을 얻으니라 행28:15

하나님의 나라를 전파하며 주 예수 그리스도에 관한 모든 것을 담대하게 거침없이 가르치더라 행28:31

영의 양식 먹는 시간

오늘 주신 말씀을 생각에 기록하고 마음에 새기는 과정입니다. 말씀을 내 삶에
아름답게 적용하는 과정입니다.

말씀 새기기

삶에 적용하기

주님께 고백하는 영의 일기

말씀을 먹고 기도하여 하루를 살아본 후 영의 일기를 쓰는 과정입니다. 일기를 쓰는 시간은 주님과 더욱 가까워 지는 최고의 순간입니다.

순종한 삶

순종하지 못한 삶

Check | 오늘 하루 동안 말씀을 내 것으로 만들어 하늘의 보화로 쌓은 영의 점수

상☐ 중☐ 하☐

상급이 되는 영의 기도문 쓰기

하나님이 주신 말씀을 기도문으로 만들어 신령과 진정으로 예배 드리는 시간 입니다. 영의 기도는 죄를 다스리고 능히 이겨낼 수 있도록 도와주는 기적의 과정입니다.

Day 23

날짜   년   월   일

하나님의 음성

말씀을 깊이 묵상하여 내 영이 말씀을 먹는 시간입니다. 말씀을 소리 내어 읽고 성령의 임재를 느껴보세요.

예수 그리스도의 종 바울은 사도로 부르심을 받아 하나님의 복음을 위하여 택정함을 입었으니 롬1:1

로마에서 하나님의 사랑하심을 받고 성도로 부르심을 받은 모든 자에게 하나님 우리 아버지와 주 예수 그리스도로부터 은혜와 평강이 있기를 원하노라 롬1:7

내가 그의 아들의 복음 안에서 내 심령으로 섬기는 하나님이 나의 증인이 되시거니와 항상 내 기도에 쉬지 않고 너희를 말하며 롬1:9

어떻게 하든지 이제 하나님의 뜻 안에서 너희에게로 나아갈 좋은 길 얻기를 구하노라 롬1:10

내가 복음을 부끄러워하지 아니하노니 이 복음은 모든 믿는 자에게 구원을 주시는 하나님의 능력이 됨이라 먼저는 유대인에게요 그리고 헬라인에게로다 롬1:16

영의 양식 먹는 시간

오늘 주신 말씀을 생각에 기록하고 마음에 새기는 과정입니다. 말씀을 내 삶에
아름답게 적용하는 과정입니다.

말씀 새기기

삶에 적용하기

주님께 고백하는 영의 일기

말씀을 먹고 기도하여 하루를 살아본 후 영의 일기를 쓰는 과정입니다. 일기를 쓰는 시간은 주님과 더욱 가까워 지는 최고의 순간입니다.

순종한 삶

_____

_____

_____

_____

_____

순종하지 못한 삶

_____

_____

_____

_____

_____

Check | 오늘 하루 동안 말씀을 내 것으로 만들어 하늘의 보화로 쌓은 영의 점수

상☐ 중☐ 하☐

상급이 되는 영의 기도문 쓰기

하나님이 주신 말씀을 기도문으로 만들어 신령과 진정으로 예배 드리는 시간입니다. 영의 기도는 죄를 다스리고 능히 이겨낼 수 있도록 도와주는 기적의 과정입니다.

날짜   년   월   일

하나님의 음성

말씀을 깊이 묵상하여 내 영이 말씀을 먹는 시간입니다. 말씀을 소리 내어 읽고 성령의 임재를 느껴보세요.

그러므로 하나님께서 그들을 마음의 정욕대로 더러움에 내버려 두사 그들의 몸을 서로 욕되게 하게 하셨으니 롬1:24

곧 모든 불의, 추악, 탐욕, 악의가 가득한 자요 시기, 살인, 분쟁, 사기, 악독이 가득한 자요 수군수군하는 자요 비방하는 자요 하나님께서 미워하시는 자요 능욕하는 자요 교만한 자요 자랑하는 자요 악을 도모하는 자요 부모를 거역하는 자요 우매한 자요 배약하는 자요 무정한 자요 무자비한 자라 롬1:29~31

그러므로 남을 판단하는 사람아, 누구를 막론하고 네가 핑계하지 못할 것은 남을 판단하는 것으로 네가 너를 정죄함이니 판단하는 네가 같은 일을 행함이니라 롬2:1

하나님 앞에서는 율법을 듣는 자가 의인이 아니요 오직 율법을 행하는 자라야 의롭다 하심을 얻으리니 롬2:13

영의 양식 먹는 시간

오늘 주신 말씀을 생각에 기록하고 마음에 새기는 과정입니다. 말씀을 내 삶에 아름답게 적용하는 과정입니다.

말씀 새기기

_____

_____

_____

_____

_____

삶에 적용하기

_____

_____

_____

_____

_____

주님께 고백하는 영의 일기

말씀을 먹고 기도하여 하루를 살아본 후 영의 일기를 쓰는 과정입니다. 일기를 쓰는 시간은 주님과 더욱 가까워 지는 최고의 순간입니다.

순종한 삶

_____

_____

_____

_____

_____

순종하지 못한 삶

_____

_____

_____

_____

_____

Check | 오늘 하루 동안 말씀을 내 것으로 만들어 하늘의 보화로 쌓은 영의 점수
상 ☐ 중 ☐ 하 ☐

상급이 되는 영의 기도문 쓰기

하나님이 주신 말씀을 기도문으로 만들어 신령과 진정으로 예배 드리는 시간
입니다. 영의 기도는 죄를 다스리고 능히 이겨낼 수 있도록 도와주는 기적의
과정입니다.

Day 25

날짜   년   월   일

하나님의 음성

말씀을 깊이 묵상하여 내 영이 말씀을 먹는 시간입니다. 말씀을 소리 내어 읽고 성령의 임재를 느껴보세요.

Day 25

다만 네 고집과 회개하지 아니한 마음을 따라 진노의 날 곧 하나님의 의로우신 심판이 나타나는 그 날에 임할 진노를 네게 쌓는도다 롬2:5

참고 선을 행하여 영광과 존귀와 썩지 아니함을 구하는 자에게는 영생으로 하시고 롬2:7

선을 행하는 각 사람에게는 영광과 존귀와 평강이 있으리니 먼저는 유대인에게요 그리고 헬라인에게라 롬2:10

율법의 교훈을 받아 하나님의 뜻을 알고 지극히 선한 것을 분간하며 롬2:18

기록된 바와 같이 하나님의 이름이 너희 때문에 이방인 중에서 모독을 받는도다 롬2:24

오늘 주신 말씀을 생각에 기록하고 마음에 새기는 과정입니다. 말씀을 내 삶에 아름답게 적용하는 과정입니다.

말씀 새기기

삶에 적용하기

주님께 고백하는 영의 일기

말씀을 먹고 기도하여 하루를 살아본 후 영의 일기를 쓰는 과정입니다. 쓰는 시간은 주님과 더욱 가까워 지는 최고의 순간입니다

순종한 삶

순종하지 못한 삶

Check | 오늘 하루 동안 말씀을 내 것으로 만들어 하늘의 보화로 쌓은 영의 점수

상□ 중□ 하□

하나님이 주신 말씀을 기도문으로 만들어 신령과 진정으로 예배 드리는 시간
입니다. 영의 기도는 죄를 다스리고 능히 이겨낼 수 있도록 도와주는 기적의
과정입니다.

Day 26

날짜   년   월   일

하나님의 음성

말씀을 깊이 묵상하여 내 영이 말씀을 먹는 시간입니다. 말씀을 소리 내어 읽고 성령의 임재를 느껴보세요.

그들의 목구멍은 열린 무덤이요 그 혀로는 속임을 일삼으며 그 입술에는 독사의 독이 있고 롬3:13

그리스도 예수 안에 있는 속량으로 말미암아 하나님의 은혜로 값없이 의롭다 하심을 얻은 자 되었느니라 롬3:24

그런즉 자랑할 데가 어디냐 있을 수가 없느니라 무슨 법으로냐 행위로냐 아니라 오직 믿음의 법으로니라 롬3:27

기록된 바 내가 너를 많은 민족의 조상으로 세웠다 하심과 같으니 그가 믿은 바 하나님은 죽은 자를 살리시며 없는 것을 있는 것으로 부르시는 이시니라 롬4:17

믿음이 없어 하나님의 약속을 의심하지 않고 믿음으로 견고하여져서 하나님께 영광을 돌리며 롬4:20

영의 양식 먹는 시간

오늘 주신 말씀을 생각에 기록하고 마음에 새기는 과정입니다. 말씀을 내 삶에
아름답게 적용하는 과정입니다.

말씀 새기기

_____

_____

_____

_____

_____

_____

삶에 적용하기

_____

_____

_____

_____

_____

_____

주님께 고백하는 영의 일기

말씀을 먹고 기도하여 하루를 살아본 후 영의 일기를 쓰는 과정입니다. 일기를
쓰는 시간은 주님과 더욱 가까워 지는 최고의 순간입니다.

순종한 삶

_____

_____

_____

_____

순종하지 못한 삶

_____

_____

_____

_____

Check | 오늘 하루 동안 말씀을 내 것으로 만들어 하늘의 보화로 쌓은 영의 점수
상☐ 중☐ 하☐

상급이 되는 영의 기도문 쓰기

하나님이 주신 말씀을 기도문으로 만들어 삶으로 실천으로 옮겨 드리는 시간입니다. 영의 기도는 죄를 다스리고 능히 이겨낼 수 있도록 도와주는 기적의 과정입니다.

_____

_____

_____

_____

_____

_____

_____

_____

_____

_____

_____

_____

_____

_____

Day 27

날짜   년   월   일

하나님의 음성

말씀을 깊이 묵상하여 내 영이 말씀을 먹는 시간입니다. 말씀을 소리 내어 읽고 성령의 임재를 느껴보세요.

그러므로 우리가 믿음으로 의롭다 하심을 받았으니 우리 주 예수 그리스도로 말미암아 하나님과 화평을 누리자 롬5:1

또한 그로 말미암아 우리가 믿음으로 서 있는 이 은혜에 들어감을 얻었으며 하나님의 영광을 바라고 즐거워하느니라 롬5:2

다만 이뿐 아니라 우리가 환난 중에도 즐거워하나니 이는 환난은 인내를, 인내는 연단을, 연단은 소망을 이루는 줄 앎이로다
소망이 우리를 부끄럽게 하지 아니함은 우리에게 주신 성령으로 말미암아 하나님의 사랑이 우리 마음에 부은 바 됨이니 롬5:3~5

예수는 우리가 범죄한 것 때문에 내줌이 되고 또한 우리를 의롭다 하시기 위하여 살아나셨느니라 롬4:25

모든 사람이 죄를 범하였으매 하나님의 영광에 이르지 못하더니
롬3:23

영의 양식 먹는 시간

오늘 주신 말씀을 생각에 기록하고 마음에 새기는 과정입니다. 말씀을 내 삶에
아름답게 적용하는 과정입니다.

· 말씀 새기기

삶에 적용하기

주님께 고백하는 영의 일기

말씀을 먹고 기도하여 하루를 살아본 후 영의 일기를 쓰는 과정입니다. 일기를 쓰는 시간은 주님과 더욱 가까워 지는 최고의 순간입니다.

순종한 삶

_____

_____

_____

_____

_____

순종하지 못한 삶

_____

_____

_____

_____

_____

Check | 오늘 하루 동안 말씀을 내 것으로 만들어 하늘의 보화로 쌓은 영의 점수
상☐ 중☐ 하☐

상급이 되는 영의 기도문 쓰기

하나님이 주신 말씀을 기도문으로 만들어 신령과 진정으로 예배 드리는 시간 입니다. 영의 기도는 죄를 다스리고 능히 이겨낼 수 있도록 도와주는 기적의 과정입니다.

Day 28

날짜   년   월   일

하나님의 음성

말씀을 깊이 묵상하여 내 영이 말씀을 먹는 시간입니다. 말씀을 소리 내어 읽고 성령의 임재를 느껴보세요.

우리가 아직 죄인 되었을 때에 그리스도께서 우리를 위하여 죽으심으로 하나님께서 우리에 대한 자기의 사랑을 확증하셨느니라 롬5:8

한 사람의 범죄로 말미암아 사망이 그 한 사람을 통하여 왕 노릇 하였은즉 더욱 은혜와 의의 선물을 넘치게 받는 자들은 한 분 예수 그리스도를 통하여 생명 안에서 왕 노릇 하리로다 롬5:17

이는 죄가 사망 안에서 왕 노릇 한 것 같이 은혜도 또한 의로 말미암아 왕 노릇 하여 우리 주 예수 그리스도로 말미암아 영생에 이르게 하려 함이라 롬5:21

너희 자신을 종으로 내주어 누구에게 순종하든지 그 순종함을 받는 자의 종이 되는 줄을 너희가 알지 못하느냐 혹은 죄의 종으로 사망에 이르고 혹은 순종의 종으로 의에 이르느니라 롬6:16

영의 양식 먹는 시간

오늘 주신 말씀을 생각에 기록하고 마음에 새기는 과정입니다. 말씀을 내 삶에
아름답게 적용하는 과정입니다.

말씀 새기기

_____

_____

_____

_____

_____

_____

삶에 적용하기

_____

_____

_____

_____

_____

_____

주님께 고백하는 영의 일기

말씀을 먹고 기도하여 하루를 살아본 후 영의 일기를 쓰는 과정입니다. 일기를 쓰는 시간은 주님과 더욱 가까워 지는 최고의 순간입니다.

순종한 삶

_____

_____

_____

_____

_____

순종하지 못한 삶

_____

_____

_____

_____

_____

Check | 오늘 하루 동안 말씀을 내 것으로 만들어 하늘의 보화로 쌓은 영의 점수
상□ 중□ 하□

상급이 되는 영의 기도문 쓰기

하나님이 주신 말씀을 기도문으로 만들어 신령과 진정으로 예배 드리는 시간입니다. 영의 기도는 죄를 다스리고 능히 이겨낼 수 있도록 도와주는 기적의 과정입니다.

"너희가 온 마음으로 나를 구하면 나를 찾을 것이요
나를 만나리라 (렘 29:13)"

기도는 하나님과 만나는 영적인 시간
성령께서 기도의 불을 내리시어
매일 주님을 경험한다 기대하라

4주차 영적 자가 진단 체크

말씀을 묵상하고 영의 기도를 올려드리는 동안
을 돌이키며 영적 자가 진단을 해보세요.

영적 자가 진단 체크 리스트	상	중	하
작은 것에 감사하는 고백이 있었나요?			
내 경험보다 말씀을 더 의지하셨나요?			
눈으로 죄를 짓지 않으려고 노력하셨나요?			
손해보는 상황에서 말씀을 피하지 않았나요?			
남을 판단하지 않으려고 힘써 노력해 보셨나요?			
내 감정과 고집과 교만을 예수님께 내어드렸나요?			
하나님을 의식하여 나의 일을 시작하고 마치셨나요?			
나를 방어하기 위한 순간적인 거짓말을 하지 않았나요?			
하고 싶은 말은 있었지만 말씀 때문에 무언해 보셨나요?			
정해진 시간과 매 순간마다 드리는 삶의 기도가 있었나요?			

회개와 결단

_____

_____

_____

_____

_____

_____

Check │ 일주일 동안 말씀을 내 것으로 만들어 하늘의 보화로 쌓은 영의 점수
상☐ 중☐ 하☐

Day 29

날짜   년   월   일

하나님의 음성

말씀을 깊이 묵상하여 내 영이 말씀을 먹는 시간입니다. 말씀을 소리 내어 읽고 성령의 임재를 느껴보세요.

만일 우리가 그의 죽으심과 같은 모양으로 연합한 자가 되었으면 또한 그의 부활과 같은 모양으로 연합한 자도 되리라 롬6:5

우리가 알거니와 우리의 옛 사람이 예수와 함께 십자가에 못 박힌 것은 죄의 몸이 죽어 다시는 우리가 죄에게 종 노릇 하지 아니하려 함이니 롬6:6

이는 죽은 자가 죄에서 벗어나 의롭다 하심을 얻었음이라 롬6:7

만일 우리가 그리스도와 함께 죽었으면 또한 그와 함께 살 줄을 믿노니 롬6:8

죄로부터 해방되어 의에게 종이 되었느니라 롬6:18

그러나 이제는 너희가 죄로부터 해방되고 하나님께 종이 되어 거룩함에 이르는 열매를 맺었으니 그 마지막은 영생이라 롬6:22

영의 양식 먹는 시간

오늘 주신 말씀을 생각에 기록하고 마음에 새기는 과정입니다. 말씀을 내 삶에
아름답게 적용하는 과정입니다.

말씀 새기기

_____

_____

_____

_____

_____

삶에 적용하기

_____

_____

_____

_____

_____

주님께 고백하는 영의 일기

말씀을 먹고 기도하여 하루를 살아본 후 영의 일기를 쓰는 과정입니다. 일기를
쓰는 시간은 주님과 더욱 가까워 지는 최고의 순간입니다.

순종한 삶

_____

_____

_____

_____

_____

순종하지 못한 삶

_____

_____

_____

_____

_____

Check | 오늘 하루 동안 말씀을 내 것으로 만들어 하늘의 보화로 쌓은 영의 점수

상□ 중□ 하□

상급이 되는 영의 기도문 쓰기

하나님이 주신 말씀을 기도문으로 만들어 신령과 진정으로 예배 드리는 시간입니다. 영의 기도는 죄를 다스리고 능히 이겨낼 수 있도록 도와주는 기적의 과정입니다.

Day 30

날짜   년   월   일

하나님의 음성

말씀을 깊이 묵상하여 내 영이 말씀을 먹는 시간입니다. 말씀을 소리 내어 읽고 성령의 임재를 느껴보세요.

이와 같이 너희도 너희 자신을 죄에 대하여는 죽은 자요 그리스도 예수 안에서 하나님께 대하여는 살아 있는 자로 여길지어다 롬6:11

그러므로 너희는 죄가 너희 죽을 몸을 지배하지 못하게 하여 몸의 사욕에 순종하지 말고 롬6:12

또한 너희 지체를 불의의 무기로 죄에게 내주지 말고 오직 너희 자신을 죽은 자 가운데서 다시 살아난 자 같이 하나님께 드리며 너희 지체를 의의 무기로 하나님께 드리라 롬6:13

죄가 너희를 주장하지 못하리니 이는 너희가 법 아래에 있지 아니하고 은혜 아래에 있음이라 롬6:14

죄의 삯은 사망이요 하나님의 은사는 그리스도 예수 우리 주 안에 있는 영생이니라 롬6:23

영의 양식 먹는 시간

오늘 주신 말씀을 생각에 기록하고 마음에 새기는 과정입니다. 말씀을 내 삶에
아름답게 적용하는 과정입니다.

말씀 새기기

_____

_____

_____

_____

_____

_____

삶에 적용하기

_____

_____

_____

_____

_____

주님께 고백하는 영의 일기

말씀을 먹고 기도하여 하루를 살아본 후 영의 일기를 쓰는 과정입니다. 일기를 쓰는 시간은 주님과 더욱 가까워 지는 최고의 순간입니다.

순종한 삶

_____

_____

_____

_____

_____

순종하지 못한 삶

_____

_____

_____

_____

_____

Check | 오늘 하루 동안 말씀을 내 것으로 만들어 하늘의 보화로 쌓은 영의 점수
상☐ 중☐ 하☐

상급이 되는 영의 기도문 쓰기

하나님이 주신 말씀을 기도문으로 만들어 신령과 진정으로 예배 드리는 시간 입니다. 영의 기도는 죄를 다스리고 능히 이겨낼 수 있도록 도와주는 기적의 과정입니다.

나는 알파와 오메가요
처음과 마지막이라
이기는 자는 이것들을
상속으로 받으리라

한 달 영적 자가 진단 체크

한 달 동안 말씀을 묵상하고 영의 기도를 올려드리는 동안
내 삶을 돌이키며 영적 자가 진단을 해보세요.

영적 자가 진단 체크 리스트	상	중	하
작은 것에 감사하는 고백이 있었나요?			
내 경험보다 말씀을 더 의지하셨나요?			
눈으로 죄를 짓지 않으려고 노력하셨나요?			
손해보는 상황에서 말씀을 피하지 않았나요?			
남을 판단하지 않으려고 힘써 노력해 보셨나요?			
내 감정과 고집과 교만을 예수님께 내어드렸나요?			
하나님을 의식하여 나의 일을 시작하고 마치셨나요?			
나를 방어하기 위한 순간적인 거짓말을 하지 않았나요?			
하고 싶은 말은 있었지만 말씀 때문에 무언해 보셨나요?			
정해진 시간과 매 순간마다 드리는 삶의 기도가 있었나요?			

회개와 결단

_____

_____

_____

_____

_____

_____

Check | 한 달 동안 말씀을 내 것으로 만들어 하늘의 보화로 쌓은 영의 점수
상☐ 중☐ 하☐

읽는 기도 학교 1기

초판 1쇄 인쇄 2025년 02월 05일
초판 1쇄 발행 2025년 02월 17일

지은이 무명의 기도자
펴낸이 황성연
펴낸곳 도서출판 더하트
출판등록 제 2024-000016호
주문처 하늘유통
주소 경기도 파주시 광탄면 혜음로883번길 39-32
전화 031-947-7777
팩스 0505-365-0691
홈페이지 www.jesus-jesus.com
ISBN 979-11-94177-29-6 03230
Copyright ⓒ 2025, 더하트 출판사